平成29年改訂

# 中学校教育課程実践講座

# 特別の教科
# 道徳

押谷 由夫 編著

ぎょうせい

## はじめに

新しい道徳教育が始まります。道徳教育新時代の幕開けです。文部科学省では，「特別の教科　道徳」の設置を中核とする道徳教育の抜本的改善・充実を図っています。一言で言えば，道徳教育の本質から捉え直し，全ての教育改革をリードしていけるようにしよう，ということです。実際，新学習指導要領が告示される２年前（平成27（2015）年３月）に道徳教育の改訂が行われています。

文部科学省では，すでに『中学校学習指導要領解説　特別の教科　道徳編』を公表しています。

本書は，それらに依拠しながら，ポイントになるところをより分かりやすく，より掘り下げ，学校現場で特に関心をもたれていることについてより具体的に記述しています。

『中学校学習指導要領解説　特別の教科　道徳編』と併用して活用いただくことで，新しい道徳教育についての理解を深め，「特別の教科　道徳」を要とする道徳教育実践をより豊かに，より効果的に展開いただけると確信します。

本書の編集においては，小学校と中学校の連携を重視し，実践部分以外は原則として共通しています。そのことによって，常に小学校と中学校の連携を考慮した道徳教育の理解と実践が推進されると考えるからです。また，実践事例は，新しい道徳教育に向けて全国をリードされている先生方にお願いしています。玉稿をお寄せいただきました執筆者の皆様に心より感謝申し上げます。本書が道徳教育新時代をリードする一翼を担えることを祈念します。

道徳教育改革の成否を担うのは，特に日々子供たちと生活を共にしながら，心豊かな子供たちを育てる教育に全力で取り組んでおられる先生方です。最後に，メッセージを送らせていただきます。

## 道徳教育に夢を託せますか

道徳教育とは「かけがえのない私，どう生きる」
と，自らに問いかけ，追い求めること
つまり，自らの人生を切り拓いていくことなのです
どう切り拓いていくのか
人間の本質である道徳的価値意識を育みながら
未来に夢や希望を膨らませていくことです
では，問いかけます
その道徳教育を行っているあなた自身が
「これからの道徳教育に夢や希望を託せますか」
道徳教育は子供たちに夢や希望を育むものであるならば
そのことを行う教師や大人が
道徳教育そのものに夢や希望を託せなければ
効果的な指導はできません
いま，「特別の教科　道徳」が設置され
道徳教育新時代を迎えようとしています
教育は国家百年の計だと言われます
その中核に道徳教育があります
皆さんの夢や希望を託せる道徳教育にする絶好の機会です
子供たちの未来を拓くために
知恵を出し合い，協働しながら
これからの道徳教育を創り上げていこうではありませんか

本書の出版，編集に関して大変お世話になった，株式会社ぎょうせい出版企画部の皆さんに心より御礼申し上げます。

編著者　**押谷由夫**

# 目　次

## 第１章　今なぜ道徳教育の抜本的改善・充実なのか

## 第２章　「特別の教科　道徳」の学習指導要領を読み解く

## 第４章　学習指導要領が目指す新しい「特別の教科　道徳」の授業【事例】

## 第５章　道徳教育の全体計画（スクール・マネジメント），年間指導計画（カリキュラム・マネジメント）の改善・充実

# 第1章

# 今なぜ道徳教育の<br>抜本的改善・充実なのか

新しい道徳教育が始まります。道徳教育は，学習指導要領の改訂のたびに強調されてきました。今回は，抜本的改善･充実をキャッチフレーズに，全体的な学習指導要領の改訂に先立ち，充実が図られています。それはどういうことなのか。基本的な押さえと「特別の教科道徳」設置の経緯，これから求められる資質・能力と道徳教育改革にポイントを絞って述べてみます。

## 第１節
## 道徳教育の抜本的改善・充実の基本的押さえ

**Q**　道徳教育の抜本的な改善・充実について，押さえておくべき基本的な事柄は何ですか。

今回の道徳教育の抜本的改善･充実に関する基本的押さえとして，次の６点を指摘できます。

### １　改正教育基本法の理念から――道徳教育が教育の中核――

我が国の教育は，日本国憲法に示す「崇高な理想」の実現を目指す国民の育成を目指して行われてきました。一言で言えば「世界の平和と人類の福祉に貢献する国民の育成」です。そのための基本的教育方針が教育基本法に示されています。

教育基本法は，昭和22（1947）年に制定されましたが，平成18（2006）年12月に59年ぶりに改正されました。平成20（2008）年に改訂された学習指導要領は，改訂の基本方針の第１に「改正教育基本法の理念の実現」を挙げています。平成29（2017）年３月に告示された新学習指導要領は，20年版の成果を分析し「改正教育基本法の理念」を実現するための一層の改善が図られています。

道徳教育は，その２年前の平成27（2015）年３月に道徳教育の抜本的改善･充実の切り札として「特別の教科　道徳」が設置されました。

どうして，道徳教育改革が先行したのでしょうか。その要因は，改正教育基本法そのものにあります。

改正教育基本法で，改めて強調されているのが人格の形成です。第１条（教育の目的）で，日本の教育の目的は，人格の完成を目指すことを再確認すると共に，第３条（生涯学習の理念）で，より具体的に「国民一人一人が，自己の人格を磨き，豊かな人生が送れるよう」にすることだと記されています。つまり，人格の完成を目指す教育とは，国民一人一人が人格を磨き続けることを通して豊かな人生を送ることができるようにすることなのです。豊かな人生とは，幸福な人生であり，生きがいのある人生に他なりません。

そして，人格を育てる教育の具体については，第２条（教育の目標）に明記されています。五つ掲げられています。一号では，知・徳・体を調和的に養っていくことが示されており，二～五号においては，生き方の根本に関わる道徳的価値意識の育成が記されています。このことは，人格の基盤に道徳性の育成があることを明確にしていると捉えられます。

つまり，人格の完成を目指した教育とは，道徳教育を根幹に据えた教育であり，徳の育成を中心としながら知や体を育んでいく教育なのです。そのための改革が，道徳教育の抜本的改革･充実であり，その切り札として，道徳の教科化が提案されたと捉えることができるのです。

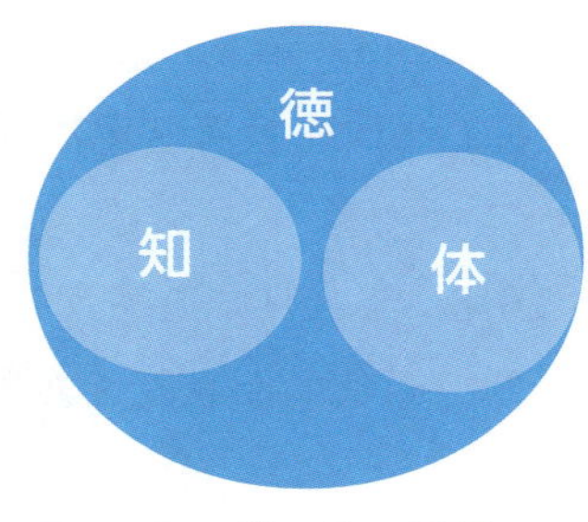


徳…人間として
　　よりよく生きる力
知…知識，技能
　　（思考力，判断力，表現力，
　　知恵，真理愛）
体…健康，体力
　　（生涯スポーツ，
　　健康コミュニティ）

**図１　知，徳，体の関係**

## ２　いじめ問題をはじめとする問題行動への対応から
### ――人間の本質からの対応が不可欠――

今回の道徳の教科化に関する提案は，第２次安倍晋三内閣の諮問機関である「教育再生実行会議」からありました（詳しくは第２節）。第１次提言においていじめ対策の第１の方針として道徳教育の充実が挙げられました。その具体策として道徳の教科化が提言されました。つまり，今日多発化・深刻化する青少年の問題行動の根幹に道徳性の低下を指摘しているのです。

いじめはどうして起こるのか。突き詰めれば，人間の特質である価値志向の生き方にあると言えます。よりよく生きようとする心があるために，うまく伸ばせられない自分にイライラしたり，他人と比較して劣等感をもったり，妬んだりするのです。そのイライラ感や不満にどのように対処すればいいのでしょうか。

今日の子供たちは，社会の発達によって便利な生活ができるようになっています。耐えることや協力することを生活の中から身に付けることはほとんどできなくなりました。そして自分中心の生活や行動を自然と身に付けてきています。

そのような子供たちに，人間として生きるとはどういうことか，人間にはよりよく生きようとする強くて美しい心があるが，その心は同時に，弱さやもろさ，醜さまでももっていること，そのことを乗り越えることによって，よりよく生きていけるし，よりよい社会を創っていけるということを，しっかりと学べるようにしていかなければなりません。対症療法的な対応では，また別の形で問題行動を広げていくことにもなりかねません。いじめをはじめとする子供たちの問題行動は，人間の本質的課題を包含しているのであり，その対策において道徳教育が根幹となるということです（図２）。

いじめ等の問題行動に対しては，図のような対応が求められます。まず，子供たちへの教育的対応です。具体的には，なぜ，このようなことが起こるのかについて本質的追究が必要です。それは，必然的に人間理解へと進む道徳的価値の理解を深めていくことになります。道徳教育が根幹に位置付きます。

そのことを通して，人間として生きるとはどういうことか，どういうことを守らなければならないかも自覚できるようにしていくのです。

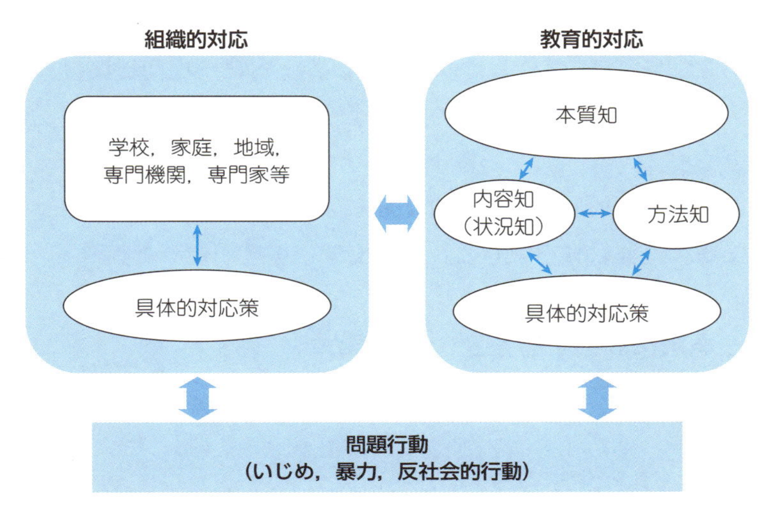


**図２　問題行動への対応**

そのことを押さえながら，どういう状況で，どういういじめが行われているのかについて，詳しく見ていく必要があります。そのことを通して，また人間理解を深めていくことになります。

また，同時に，そのいじめを解決するためには，どうすればよいのかについての学びが必要です。方法知に関する学びは，単なる処方箋を考えるのではなく，当事者のことや具体的内容をしっかり押さえて，人間としてどうすることが求められるのかという視点から深めていく必要があります。

それらを総合させながら，具体的な対策を考え取り組んでいくのです。

でも，うまくいくとは限りません。うまくいかない場合は，そこからまた改善策を考えます。そのようなことを通して，子供たちが一体となって対応を考え取り組んでいくようにする必要があります。

そして，もう一方からの対応も不可欠です。学校としての組織的対応です。具体的には，家庭への働きかけです。時には民生委員など地域住民の協力を得ることも必要になります。また地域ぐるみで，住みよい快適なまちづくりを推進することに合わせて，いじめのない社会を創るといったことで協力いただくこともできます。

さらに，「チーム学校」で言われているように，専門機関や専門家の協力を得られるように，総力を挙げて対策を考え実行していく必要があります。

そして，教育的取組と組織的取組を響き合わせていくのです。それは，まさに道徳教育を中心とした学校づくりでもあります。

## ３　急激に変化する社会への対応から
### ――心豊かに主体的に生きる力の育成――

### （1）　よりよく生きる向上心が不可欠

これからの学校教育には，社会の急激な変化と，次々に起こる事象に主体的に対応する力が求められます。そのためには，常に向上心が必要です。社会の変化に興味をもち，未来の状態を描きながら今を意欲的に生きられる心を育てなければいけません。それは，当然に学習意欲や日常生活における生活の仕方に影響していきます。

学校教育に次々に求められる課題のほとんどは，これからの未曾有の社会変化が起こる中で，いかに生きるかに関わるものです。それらをバラバラに取り組むのではなく，これからの社会をいかに生きるかを道徳的価値意識の形成と関わらせて学ぶ道徳教育を根幹に据えての対応が求められます。

### (2)　直面する社会的課題への主体的対応

また，東日本大震災や熊本地震等からの復興，東京オリンピック・パラリンピックへの対応等，我が国が抱える国家的課題への対応においても，日本国憲法の「崇高な理想」の実現を目指す国民を育てる道徳教育が不可欠なのです。未来予測が困難な変化の激しい社会になればなるほど，当面する社会的課題に対して，正面から向き合い，主体的対応を考え，取り組めるようにしていくことが求められます。しっかりとした心（道徳的価値意識）をもち，直面する社会的課題に主体的に対応できる国民の育成が不可欠です。

### (3)　共生社会の実現

急激な社会変化をもたらすのは驚異的な科学技術の進歩です。これからの社会はますます科学技術が進歩し，次々と新しいものが開発されていきます。スピード社会とは，速さを競う社会です。そのことによって，私たちの生活は便利になっていきます。欲しいものは，すぐに手に入ります。世界の人々とも，瞬時に交わることができます。そこで大切なのが，共生社会の実現です。

経済力の高い国が財力を投入して高度な科学技術を利用して様々な商品を開発していきます。そして生活に革新をもたらします。するとますます国家間の格差が生じます。科学技術の進歩は世界全体の生活力を向上させますが，同時に，永遠に格差を生んでいきます。その格差を埋めていくことが世界的な課題になっていきます。

科学技術の進歩は，新しいものに価値を置きます。古いものは，忘れ去られていきます。それでは文化や伝統はなくなっていきます。人間の精神文化の象徴である文化や伝統と科学技術の進歩との共生を図る必要があります。

また，科学技術の進歩によって，人間の寿命も延びていきます。国全体から見れば４世代が一緒に生活しなければなりません。そこにも新しい世代間共生の課題が出てきます。

さらに，科学技術の進歩による環境破壊も生じてきます。いかに自然と共生していくかも大きな課題となります。

### (4)　心のゆとり・心のケアの確保

これらの根底にある変化の激しい社会の大きな弊害は，精神的圧迫感を常にもたされることです。立ち止まって考える時間をなくしていきます。落ち着かず，イライラしてきます。ストレスに負けて，逆に無気力になっていきます。

人間には，自然治癒力があります。少々の傷も，自然と治っていきます。イライラしていても，しばらくすると落ち着いてきます。しかし，今のスピードは，自然治癒力をも奪っていきます。治らないうちに，また傷が増えていきます。心が落ち着かない間に，またストレスが襲いかかってきます。

忙しいとは心（立心偏）を亡くすと書きます。変化の激しい社会にいると，相手の立場からではなく，自分中心にしか考えられなくなります。しかも，その場を乗り切ることだけに汲々としてしまいます。

その対処をどうすればよいのでしょう。「心にゆとり」をもつことが何より大切です。どんなに忙しくとも，相手と自分への信頼感と夢や希望を失わないこと。どんなときにも，相手のことを考えるようにすること。常に，自分を見つめること。これらは，道徳教育の基本です。そして，そのことが，温かな心の交流と健全な道徳的価値意識の共有を可能にし，心のケア，心の癒しの基盤にもなっていきます。

このように，変化の激しい社会であればあるほど，科学技術の発達する社会であればあるほど，道徳教育が求められるのです。

## 4　科学技術創造社会が求める思考形態の課題から
### ――科学的思考と道徳的思考の調和――

科学技術の進歩に関する対応については，その根底に大きな教育的課題があります。それは思考経路の問題です。日々の思考の経路が，結局は人間の価値観や生き方をも支配していきます。我が国が標榜する科学技術創造社会は，科学的思考を求めます。科学的思考の特徴は，大きく次の三つを挙げることができます。客観的精神（客観性），批判的精神（批判性），緻密な精神（厳密性）です。

しかし，科学主義が徹底すると，客観的な事実しか学びの対象としなくなり，見えにくいもの，客観的に数量で表しにくいものは，除外されていく傾向があります。さらに，批判的精神を徹底させれば，何を信じてよいか分からなくなり，結局，価値相対主義に陥ります。

**表１　科学的思考と道徳的思考の主な特徴**

| 科学的思考の特徴 | 道徳的思考の特徴 |
|---|---|
| ・客観性の重視（冷徹な心） | ・主観性の重視（温かい心） |
| ・批判的精神の重視（疑う心） | ・受容的精神の重視（信じる心） |
| ・厳密性の重視（厳格な心） | ・寛容性の重視（許容する心） |

人間存在を考えた場合，ファジーさは常について回ります。さらに，信じるという世界も同時に確保していかない限り，主体的に生きていくことはできません。客観的に見る目と同時に，主観的に感性豊かに物事を見るという姿勢，批判的精神と同時に物事を素直に受けと

め信頼感を確立していくという側面は，不可欠です。豊かな人間形成を図るためには，むしろ後者の側面を重視しながら前者の側面を発展させていくという捉え方が大切です。そのような教育の基調の変革が求められます。

## 5　新教育課程が求める教育改革から

新学習指導要領は，平成29（2017）年３月に告示されました。道徳教育改革は，その２年前の平成27（2015）年３月に告示された学習指導要領一部改訂によって，「特別の教科　道徳」が設置され，新学習指導要領を先導する形で，改革が進められています。新学習指導要領によるこれからの教育改革に果たす道徳教育の役割という視点から見ていきます。

まず，これからの子供たちに求められる資質・能力を「三つの柱」で述べています。第１は，「個別の知識及び技能」，第２は，「思考力，判断力，表現力等」，第３は，「学びに向かう力，人間性等」です。第３の学びに向かう力とは，学びの目標を追い求めようとする力です。学びの目標は，人格の完成であり，幸せを求めよりよい自分と社会を創っていくことです。

資質・能力の「三つの柱」を基に，求められる人間像を考えると，「知識及び技能」をしっかり身に付けるとともに，それを応用して様々な課題に正対し乗り越えるための「思考力，判断力，表現力等」を養い，自らのよりよい生き方とよりよい社会を実現しようと取り組む人間，ということになります。これらの三つは，「特別の教科　道徳」以外の全部の各教科等の目標において，各教科等の特質に応じて示されています。つまり，各教科等の学習が，よりよい自己の生き方やよりより社会の創造へと向かわせるようにするということです。各教科等における道徳教育が明確に示されたと捉えることができます。

また，そのような学びを実現するために，アクティブ・ラーニングが提唱されています。子供たちの学ぶ姿そのものが，アクティブ・ラーニングです。三つの資質・能力を統合する形で言えば，モラル・アクティブ・ラーニングということになります。

さらに，新学習指導要領では，「社会に開かれた教育課程」「カリキュラム・マネジメント」「チーム学校」が強調されています。「社会に開かれた教育課程」とは，社会の変化に対応し，よりよい社会を創っていくという目標を社会と共有し，社会とつながりをもたせて教育課程を組んでいくことであるとされます。「カリキュラム・マネジメント」とは，教科等の横断的指導の工夫やPDCAを確立した取組，外部の資源を活用するなどして効果を上げていくことであるとされます。また，「チーム学校」とは，専門性に基づくチーム体制の構築や学校のマネジメント機能の強化，環境整備などを行うこととされます。

これらは，これからの社会を主体的に生きる子供たちにしっかりとした資質・能力（三つの柱）を育てるために求められる学校の教育課程編成上の工夫と捉えられます。と同時に，どんな子供を育てるかと大いに関わっています。つまり，子供自身が「社会に開かれた学び」

**新教育課程のポイント**

1．三つの資質・能力の育成
（知識・技能，思考力・判断力・表現力，学びに向かう力）
2．主体的・対話的で深い学び
（アクティブ・ラーニング）
3．カリキュラム・マネジメント
（社会に開かれた教育課程）
4．チーム学校
（地域や専門機関と連携し学校課題に取り組む）

←

**道徳教育のポイント**

1．人格の基盤となる道徳性の育成
（モラル・アクティブ・ラーナー）
2．「特別の教科　道徳」が要の役割
3．考え，議論（対話）する道徳
4．子供たちのよさを伸ばす教育
（よさを評価し励ます）
5．学校教育の中核としての道徳教育
（カリキュラム・マネジメント）
6．社会的・個人的課題への主体的対応
（総合道徳）
7．学校，家庭，地域連携
（チーム学校）

**図３　新教育課程をリードする道徳教育**

「社会的課題への正対」「様々な協力体制」を考慮して，自らの「学びの地図」を計画し，様々な人々の協力や援助を得て追い求めていけるようにするということです。

このことと関わらせて，自分の学びを記録し，自己評価，自己指導ができる道徳ノートが求められるのです。

## 6　これから求められる教師への対応から

最後に押さえておきたいのが，これからの教師の在り方からの道徳教育の必要性です。道徳教育は，子供だけの課題ではありません。生きている限り，全ての人間の課題なのです。そういう認識をもって子供たちに関わるときに，ともに生きるという視点からお互いに助け合うことができます。これからの変化の激しい，科学技術の進歩が著しい時代における教師の在り方を，もう一度このような視点から見直す必要があります。

つまり，教師の子供との関係は，「教える―教えられる」の関係を超えて，ともに学び合い，よりよい自分とよりよい社会の創造を目指

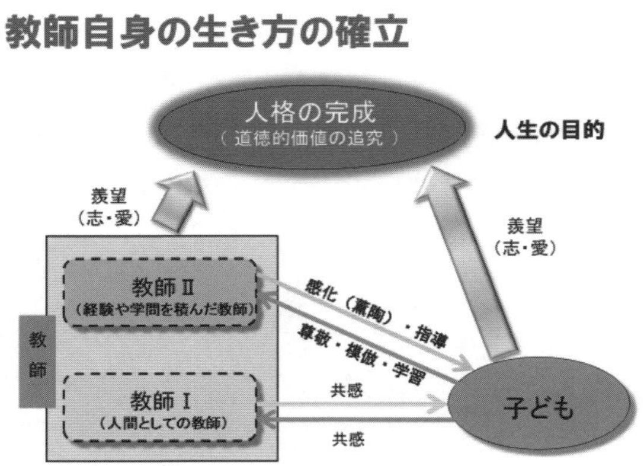

教師自身の生き方の確立

人格の完成
（道徳的価値の追究）
人生の目的
羨望
（志・愛）
羨望
（志・愛）
教師Ⅱ
（経験や学問を積んだ教師）
教師
教師Ⅰ
（人間としての教師）
感化（薫陶）・指導
尊敬・模倣・学習
共感
共感
子ども

図４　教師自身の生き方の確立

して協力し合う，という視点で捉える必要があるということです。それはまさに，教師自身の道徳教育ということになります（図４）。

まず，教師は同じ人間として子供たちと接しなければなりません。そこに共感が相互に生まれます。そして，教師は教師Ⅱの立場から子供たちを指導します。本当の指導が成り立つには，教師の感化力と子供たちの教師に対する尊敬の念が必要です。そのためには教師も子供も共によりよい自分や社会の創造を目指して生きるという姿勢が不可欠なのです。

## 第2節
## 「特別の教科　道徳」設置の経緯

**Q**　道徳の教科化はどのような経緯で行われましたか。

### 1　歴史的課題としての道徳の教科化

平成27（2015）年３月27日に学校教育法施行規則及び学習指導要領が一部改訂され，従来の「道徳の時間」は，法規上においては「特別の教科である道徳」と改められました。これによって，道徳の教科化が正式に決定し，小学校は平成30（2018）年度，中学校では平成31（2019）年度から全面実施され，検定教科書も使用されることとなります。

「特別の教科　道徳」設置の直接の契機は，第２次安倍内閣のもとで平成25（2013）年１月に設置された教育再生実行会議の提言です。教育再生実行会議が，同年２月26日に発表した「いじめ問題等への対応について（第一次提言）」は，「現在行われている道徳教育は，指導内容や指導方法に関し，学校や教員によって充実度に差があり，所期の目的が十分に果たされていない状況」にあると指摘しました。そして，「道徳の教材を抜本的に充実するとともに，道徳の特性を踏まえた新たな枠組みにより教科化し，指導内容を充実し，効果的な指導方法を明確化する」ことを提言しました。

しかし，道徳の教科化をめぐる論議は，この「第一次提言」によって初めて政策課題となったわけではありません。歴史を遡れば，昭和25（1950）年に第３次吉田内閣の文部大臣であった天野貞祐が提起した，いわゆる「修身科」復活問題が，戦後教育における道徳の教科化議論の端緒となりました。また，昭和33（1958）年の「道徳の時間」は，当初は教科としての設置を意図したものでした。

平成12（2000）年12月22日に教育改革国民会議が発表した「教育を変える17の提案」は，「学校は道徳を教えることをためらわない」として，「学校は，子どもの社会的自立を促す場であり，社会性の育成を重視し，自由と規律のバランスの回復を図ることが重要である。また，善悪をわきまえる感覚が，常に知育に優先して存在することを忘れてはならない」と述べました。そして，小学校に「道徳」，中学校に「人間科」，高校に「人生科」などの教科を設け，「専門の教師や人生経験豊かな社会人が教えられるようにする。そこでは，死とは何か，生とは何かを含め，人間として生きていく上での基本の型を教え，自らの人生を切り拓く高い精神と志を持たせる」とし，道徳の教科化を提言しました。

教育改革国民会議の具体的な提言は，その後の教育再生会議にも引き継がれました。教育再生会議は，平成19（2007）年の「第二次報告」において，「いじめや犯罪の低年齢化など子供を取り巻く現状を踏まえると，全ての子供たちが社会の規範意識や公共心を身につけ，心と体の調和の取れた人間になることが重要」とした上で，徳育を教科化し，指導内容，教材を充実させるべきことを強く求めました。

結果として，教育改革国民会議と教育再生会議の提言は，いずれも中央教育審議会での審議を経る中で実現するには至りませんでした。しかし，教育再生実行会議の提言がこうした議論の延長線上にあったことは明らかです。

以上のように，昭和20（1945）年８月の敗戦を契機とした戦後教育改革の過程で修身科が廃止されて以降，道徳の教科化は戦後教育史における一貫した課題でした。しかも，それは道徳教育をめぐる論議の結節点でもありました。歴史的な観点から言えば，「特別の教科　道徳」の設置は，戦後教育史に通底した道徳の教科化議論に一応の結論を出したものと言うことができます。

## ２　「道徳教育の充実に関する懇談会」の「報告」

教育再生実行会議の「第一次提言」を受けて，平成25（2013）年３月に文部科学省に設置された「道徳教育の充実に関する懇談会」（以下，懇談会）は，合計10回の審議を行い，同年12月に「今後の道徳教育の改善・充実方策について（報告）～新しい時代を，人としてより良く生きる力を育てるために～」（以下，「報告」）をまとめました。

「報告」はまず，道徳教育には，体系的な指導によって道徳的な価値に関わる知識・技能を学び教養を身に付けるという従来の「教科」に共通する側面と同時に，自ら考え，道徳的行為を行うことができるようになるという人格全体に関わる力を育成するという側面をもっていると整理しました。その上で「報告」は，その二つの側面からより総合的に道徳教育の充実を図ることが今後の課題であるとしながら，「道徳の時間」を道徳科として設置することを提言しました。

学校教育法施行規則や学習指導要領において道徳を教科として位置付けることによって，その目標・内容をより構造的で明確なものとする，それと同時に，学校の教育活動全体を通じて行う道徳教育の要としての性格を強化し，各教科等における指導との役割分担や連携の在り方等を改善することが期待できる，というのが「報告」の意図であり結論でした。

また「報告」は，道徳教育は「自立した一人の人間として人生を他者とともにより良く生きる人格の形成を目指すもの」であるとした上で，教育活動の根本に道徳教育が据えられるべきであるとしました。

しかし，「報告」は，現在の学校には道徳教育の理念の共有や教師の指導力など多くの面で課題があり，本来の道徳教育の「期待される姿には遠い状況にある」と述べるとともに，社会の中に道徳教育に対する「アレルギーともいうような不信感や先入観が存在しており，そのことが道徳教育軽視の根源にある」と指摘しました。具体的に「報告」には，「道徳教育の目指す理念が関係者に共有されていない」「教員の指導力が十分でなく，道徳の時間に何を学んだかが印象に残るものになっていない」「他教科に比べて軽んじられ，道徳の時間が，実際には他の教科に振り替えられていることもある」などの懇談会での意見も盛り込まれました。

今後の社会においては，道徳教育は人間教育の普遍的で中核的な構成要素であるとともに，その充実は今後の時代を生き抜く力を一人一人に育成する上での緊急な課題です。こうした道徳教育の現状を改善し，現行の「道徳の時間」が学校の教育活動全体で行う道徳教育の「要」としての役割を果たすためには，教科化による制度的な変革が必要となるというのが「報告」の基本的な立場でした。

言うまでもなくここには，グローバル化や情報通信技術の進展などに対応するためにも，「一人一人が自らの価値観を形成し，人生を充実させるとともに，国家・社会の持続可能な発展を実現していくこと」が必要であり，そのためには，「絶え間なく生じる新たな課題に向き合い，自分の頭でしっかりと考え，また他者と協働しながら，より良い解決策を生み出していく力」を育成することが不可欠である，という理解が前提となっています。

つまり「報告」は，これまでの道徳教育に対する「アレルギー」を払拭し，人間としての在り方に関する根源的な理解を深めながら，社会性や規範意識，善悪を判断する力，思いやりや弱者へのいたわりなどの前提となる「人間として踏まえるべき倫理観や道徳性」を育成することを強く求めたのです。特に「報告」は，「特別の教科　道徳」

においても引き続き学級担任が授業を行うことを原則とするとはしましたが，道徳教育に優れた指導力を有する教員を「道徳教育推進リーダー教師」（仮称）として加配配置し，地域単位で道徳教育を充実させることを求めました。

さらに，「報告」は，①管理職・教員の意識改革や資質・能力の向上を図るための研修，②教育委員会担当者や道徳教育推進教師等に対する研修の充実，③授業改善のための校内研修の充実，④検定教科書，指導法，学校における指導体制，学校と家庭や地域との連携，などについて具体的な提言を行いました。

## ３　中央教育審議会答申「道徳に係る教育課程の改善等について」

教育再生実行会議や懇談会の報告を踏まえ，中央教育審議会は平成26（2014）年３月４日に教育課程部会に道徳教育専門部会を設置して具体的な審議を進め，その内容は同年10月21日の中央教育審議会答申「道徳に係る教育課程の改善等について」（以下，「答申」）によって具体化されました。

「答申」は，道徳教育の充実を図るためには，「道徳の時間」を「特別の教科　道徳」として新たに位置付け，「その目標，内容，教材や評価，指導体制の在り方等を見直すとともに，『特別の教科　道徳』（仮称）を要として道徳教育の趣旨を踏まえた効果的な指導を学校の教育活動全体を通じてより確実に展開することができるよう，教育課程を改善することが必要と考える」としました。

また「答申」は，「特別の教科　道徳」が，「道徳性の育成」を目標として，道徳的価値の理解を基軸としながら，①自己を見つめ，物事を多面的・多角的に考えることで，自己の生き方や人間としての生き方についての考えを深める学習の必要性，②検定教科書の導入と問題解決的な学習や体験的な学習を取り入れた多様で効果的な指導法の改善，を提言しました。

さらに，「特別の教科　道徳」の評価については，児童生徒の一人一人のよさを認め伸ばし，道徳性に係る成長を促す評価となるように配慮する必要があると提言しました。そして，児童生徒の道徳性を多面的，継続的に把握し，総合的に評価していくことや，成長を見守り，努力を認め励まし，さらに意欲的に取り組めるような評価となることが望ましいとしました。

## ４ 「特別の教科　道徳」の指導方法・評価等について

文部科学省は，中央教育審議会「答申」の内容をさらに具体的に検討するために，「道徳教育に係る評価等の在り方に関する専門家会議」を設置して検討を進めました。同会議は，平成28（2016）年７月22日に「『特別の教科　道徳』の指導方法・評価等について（報告）」を公表しました。

ここでは，「質の高い多様な指導方法」として，①読み物教材の登場人物への自我関与が中心の学習，②問題解決的な学習，③道徳的行為に関する体験的な学習，の三つを示しました。ただし，これらの指導方法は，それぞれが独立した「型」を示したわけではなく，様々な展開が考えられるとされました。そして，指導に当たって重要なことは，「学習指導要領の趣旨をしっかりと把握し，指導する教師一人一人が，学校の実態や児童生徒の実態を踏まえて，授業の主題やねらいに応じた適切な工夫改良を加えながら適切な指導方法を選択することが求められる」と明記しました。

また，評価については，児童生徒のよい点を褒めたり，さらなる改善が望まれる点を指摘するなど，児童生徒の発達の段階に応じ励ましていく「個人内評価」を記述式で行うこととされました。そして，「特別の教科　道徳」で行われる評価は，「学習状況や道徳性に係る成長の様子」であり，その際には，①他者の考え方や議論に触れ，自律的に思考する中で，一面的な見方から多面的・多角的な見方へと発展しているか，②多面的・多角的な思考の中で，道徳的価値の理解を自分自身との関わりの中で深めているか，が重要であると明記されました。

## 5 「主体的・対話的で深い学び」と「特別の教科　道徳」

平成28（2016）年12月21日の中央教育審議会答申「幼稚園，小学校，中学校，高等学校及び特別支援学校の学習指導要領等の改善及び必要な方策等について」（以下，「答申」）は，「これからの時代においては，社会を構成する主体である一人一人が，高い倫理観をもち，人間としての生き方や社会の在り方について，多様な価値観の存在を認識しつつ，自ら考え，他者と対話し協働しながら，よりよい方向を模索し続けるために必要な資質・能力を備えることが求められている。子供たちのこうした資質・能力を育成するために，道徳教育はますます重要になっている」としました。

その上で「答申」は，道徳科設置の意図について「多様な価値観の，時には対立がある場合を含めて，誠実にそれらの価値に向き合い，道徳としての問題を考え続ける姿勢こそ道徳教育で養うべき基本的資質であるという認識に立ち，発達の段階に応じ，答えが一つではない道徳的な課題を一人一人の児童生徒が自分自身の問題と捉え，向き合う『考え，議論する道徳』へと転換を図るものである」と明記しました。

また，「答申」では社会で働く知識や力を育むために，子供たちが「何を学ぶか」という視点に加えて，「どのように学ぶか」という学びの過程に着目してその質を高めることを求めています。ここで言う「どのように学ぶか」の鍵となるのが子供たちの「主体的・対話的で深い学び」をいかに実現するかという学習指導改善の視点です。

各教科・領域においては，それぞれの教育活動や教育課程全体で育成しようとする資質・能力とは何かという点を視野に入れた取組が求められますが，それは道徳科においても同様です。道徳科においては，他者と共によりよく生きるための基盤となる道徳性を育むために，答えが一つではない道徳的な課題を一人一人の児童生徒が自分自身の問題として捉え，向き合う「考え，議論する道徳」を実現することが，「主体的・対話的で深い学び」を実現することであると整理されています。

以上を踏まえ，平成29（2017）年６月には，小・中学校の『学習指導要領解説』がそれぞれ発表され，「特別の教科　道徳」の目的と内容が示されました。

## 6 「特別の教科　道徳」設置の歴史的意義

「特別の教科　道徳」の設置は，道徳授業の「形骸化」を克服するという制度的な意味と同時に，道徳教育を政治的なイデオロギー対立から解き放ち，いわゆる「道徳教育アレルギー」を払拭しようとする歴史的な意味があったと言えます。

戦後教育史においては，戦前の教育に対する拒否感のみが強調され，道徳教育は政治的なイデオロギー対立の争点とされることが常態化してきました。それは，昭和33（1958）年の「特設道徳」論争，昭和41（1966）年の「期待される人間像」，さらには「心のノート」をめぐる論争の中に象徴的に認められます。

言うまでもなく，道徳教育は人間教育の普遍的で中核的な構成要素であるとともに，その充実は今後の時代を生き抜く力を一人一人に育成する上での緊急な課題です。しかし，道徳教育の現状は，学校が，児童生徒に対する道徳教育の責任と役割を十分に果たしていないばかりでなく，「人格の完成」を目指す教育基本法の目的や学習指導要領の趣旨からも逸脱していたと言えます。

ところが，戦後日本の中では，道徳教育はともすれば「政治問題」の中に押し込められ，教育論として議論されることは少なかったという実態があります。道徳教育の内容や方法をめぐる議論は基本的に成立せず，道徳教育それ自体が「賛成か，反対か」の二項対立図式の中で論じられる傾向が強かったのです。こうした状況は，諸外国の道徳教育をめぐる状況と比較しても異質でした。

歴史的な観点から言えば，道徳の教科化は道徳教育を「政治問題」から解放し，教育論として論じるための基盤を形成するために必要な制度的な措置と言うことができます。「特別の教科　道徳」の設置によって，児童生徒の道徳性に正面から向き合うことが求められ，それは必然的に政治的イデオロギーの入り込む余地を格段に減少させるからです。少なくとも，「特別の教科　道徳」の設置によって，政治的対立を背景とした「賛成か，反対か」の入り口の議論は後退し，教科書，指導法，評価の在り方といった本質的な議論に関心が向けられ始めたことは，道徳の教科化の大きな歴史的意義と言えます。

【参考文献】

○貝塚茂樹著『道徳の教科化―「戦後七〇年」の対立を超えて―』文化書房博文社，2015年
○貝塚茂樹・関根明伸編著『道徳教育を学ぶための重要項目100』教育出版，2016年
○西野真由美・鈴木明雄・貝塚茂樹編『「考え，議論する道徳」の指導法と評価』教育出版，2017年

## 第３節
## これから求められる資質・能力と道徳教育改革

**Q** 道徳教育で育成を目指す資質・能力とはどのようなものですか。

### 1　よりよい社会と幸福な人生の創り手となる力

学習指導要領には新たに「前文」が設けられました。この前文は，学習指導要領が目指す理念と基本的な方向性を明確にし，教職員のみならず社会で広く共有されるようにしたものです。

前文は，教育基本法に示された教育の目的や目標を明記した上で，これからの学校教育の方向性についてこう示しています。

> 一人一人の生徒が，自分のよさや可能性を認識するとともに，あらゆる他者を価値のある存在として尊重し，多様な人々と協働しながら様々な社会的変化を乗り越え，豊かな人生を切り拓き，持続可能な社会の創り手となることができるようにすることが求められる。

ここで目指されているのは，多様性が尊重・承認される共生社会であり，さらには，それらの多様性を生かした未来社会の創造です。特に注目したいのは，多様な個々人の「豊かな人生」と「持続可能な社会」の実現が共に学校教育に求められていることです。

この前文の背景となった考え方は，中央教育審議会「幼稚園，小学校，中学校，高等学校及び特別支援学校の学習指導要領等の改善及び必要な方策等について（答申）」（平成28年12月21日）（以下，「中教審答申」）において，次のように示されています。

> 解き方があらかじめ定まった問題を効率的に解いたり，定められた手続を効率的にこなしたりすることにとどまらず，直面する様々な変化を柔軟に受け止め，感性を豊かに働かせながら，どのような未来を創っていくのか，どのように社会や人生をよりよいものにしていくのかを考え，主体的に学び続けて自ら能力を引き出し，自分なりに試行錯誤したり，多様な他者と協働したりして，新たな価値（※）を生み出していくために必要な力を身に付け，子供たち一人一人が，予測できない変化に受け身で対処するのではなく，主体的に向き合って関わり合い，その過程を通して，自らの可能性を発揮し，よりよい社会と幸福な人生の創り手となっていけるようにすることが重要である。（※新たな価値とは，グローバルな規模でのイノベーションのような大規模なものに限られるものではなく，地域課題や身近な生活上の課題を自分なりに解決し，自他の人生や生活を豊かなものとしていくという様々な工夫なども含むものである。）

「あらゆる他者を価値のある存在として尊重」しながら，「自らの可能性を発揮し」，自分自身の「幸福な人生」を築いていくためには，個人の狭い利害に囚われた利己主義的な「幸福」ではなく，あるいはまた，滅私奉公的な集団主義でもなく，多様な個々人が幸福を追求できる豊かでよりよい社会の実現が求められます。その社会をどう創っていくかという問いに一律の答えはありません。だからこそ，学校教育に求められるのは，決まった答えを解く力ではなく，答えの見えない問いを協働で探究し，自分なりの答えを見いだしていく，そうして自分も他者も幸福になるような社会を築いていく力を育てることなのです。

これまで我が国の学校教育は，中教審答申に示された「解き方があらかじめ定まった問題を効率的に」解く力を育成することにおいて世界的にも高い成果を挙げてきました。その成果が今後も大切であることは変わりありませんが，子供たちが未来社会を切り拓くためには，決まった解き方や手続きに関する知識だけでなく，それを生きて働かせることができる資質・能力の育成が求められます。それは，学習指導要領が長く理念として継承してきた「生きる力」において提唱されてきた考え方でもあります。今回の学習指導要領は，この「生きる力」をより具体化し，三つの柱として整理することによって，子供たちがよりよい社会と幸福な人生の創り手となるよう，学校教育で育成を目指す資質・能力を明確化し，学校の教育活動全体でこれらの資質・能力を育成する教育課程を実現することを目指しているのです。

## 2　育成すべき資質・能力と道徳教育

中央教育審議会は，この学習指導要領で学んだ子供たちが生きていくであろう予測困難な未来に向け，子供たちにどんな資質・能力を育成するか検討を重ねてきました。その中で特に注目されたのは，人工知能（AI）の飛躍的な進歩です。今日のAIは，ディープ・ラーニング（Deep Learning）と呼ばれる学習によって，知識を関連付けて“思考”する人間の学びを模倣して進化し，人間を超える働きをしつつあるからです。

しかし，こうした人工知能の進歩は，逆に，人の学びの人間らしさや強みをも浮き彫りにすることとなりました。学習指導要領解説「総則編」では，こう示しています。

> 人工知能がどれだけ進化し思考できるようになったとしても，

> その思考の目的を与えたり，目的のよさ・正しさ・美しさを判断したりできるのは人間の最も大きな強みである（p.1）

人生の目的や生きる意味，どのような社会を目指すかという方向性。こういった判断には，何を「よさ」と捉え，何を「正しい」とみなすかという価値の問題が関わっています。「何のために生きるか」「何のために学ぶか」。こうした問いの答えは，他者から与えられるものではなく，子供が自ら答えを見いだしていかなければならない問いなのです。

育成すべき資質・能力の三つの柱（図１）の一つとして示された，「どのように社会・世界と関わり，よりよい人生を送るか（学びを人生や社会に生かそうとする『学びに向かう力・人間性等』の涵養）」は，人の学びの「人間らしさ」です。道徳教育で育成を目指す「道徳性」は，まさしくこの人間らしい資質・能力の育成に深く関わっています。

この図で注目したいのは，「学びに向かう力・人間性等」が，三本

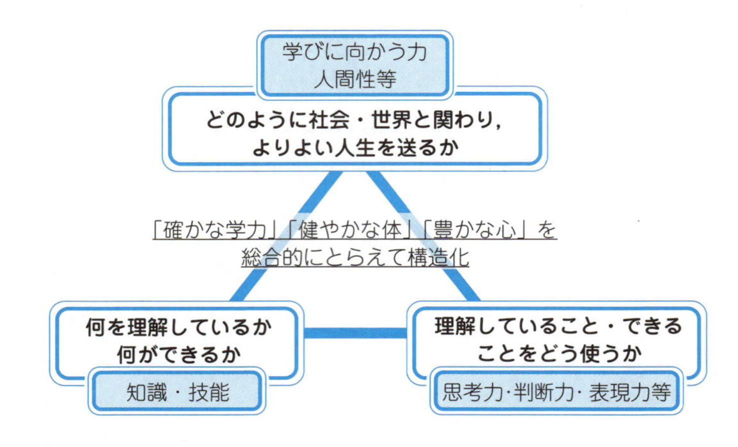


**図１　育成を目指す資質・能力の三つの柱**
**（出典：中教審答申，補足資料，p.7）**

道徳教育で育成する資質・能力としての道徳性と，道徳教育・道徳科の学習の過程との関係をイメージしたもの。
**道徳教育，道徳科の意義，特質から，これらの要素を分節して評価を行うことはなじまない。**

| | **道徳的諸価値の理解と自分自身に固有の選択基準・判断基準の形成** | **生徒一人一人の人間としての在り方生き方についての考え（思考）** | **人間としてよりよく生きようとする道徳性** |
|---|---|---|---|
| 高等学校 | ○　**道徳的諸価値の理解に基づき，自分自身に固有の選択基準・判断基準を形成すること**<br>など | ○　**物事を広い視野から多面的・多角的に考え，自分自身の人間としての在り方生き方についての考えを深めること**<br>など | ○　人間としての在り方生き方を考え，主体的な判断の下に行動し，**自立した人間として他者とともによりよく生きるための基盤となる道徳性**<br>・道徳的価値が大切なことなどを理解し，様々な状況下において人間としてどのように対処することが望まれるか判断する能力（道徳的判断力）<br>・人間としてのよりよい生き方や善を指向する感情（道徳的心情）<br>・道徳的価値を実現しようとする意志の働き，行為への身構え（道徳的実践意欲と態度）　など |
| 小学校・中学校 | ○　**道徳的諸価値の意義及びその大切さなどを理解すること**<br>・人間としてよりよく生きる上で，道徳的価値は大切なことであるということの理解<br>・道徳的価値は大切であっても，なかなか実現することができないことの理解<br>・道徳的価値を実現したり，実現できなかったりする場合の感じ方，考え方は多様であるということを前提とした理解　など | ○　**自己を見つめ，物事を多面的・多角的に考え，自己の（人間としての）生き方についての考えを深めること**<br>（中学校）<br>・人生の意味をどこに求め，いかによりよく生きるかという人間としての生き方を主体的に模索する<br>・人間についての深い理解を鏡として行為の主体としての自己を深く見つめる<br>（小学校）<br>・道徳的価値に関わる事象を自分自身の問題として受け止める<br>・他者の多様な考え方や感じ方に触れることで，自分の特徴などを知り，伸ばしたい自己を深く見つめる<br>・生き方の課題を考え，それを自己（人間として）の生き方として実現しようとする思いや願いを深める　など | ○　自己の（人間としての）生き方を考え，主体的な判断の下に行動し，**自立した人間として他者とともによりよく生きるための基盤となる道徳性**<br>・道徳的価値が大切なことなどを理解し，様々な状況下において人間としてどのように対処することが望まれるか判断する能力（道徳的判断力）<br>・人間としてのよりよい生き方や善を指向する感情（道徳的心情）<br>・道徳的価値を実現しようとする意志の働き，行為への身構え（道徳的実践意欲と態度）　など |

**道徳性を養うための学習を支える要素**（左2列）　**道徳教育・道徳科で育てる資質・能力**（右列）

**図２　道徳性を養う学習と，道徳教育で育成を目指す資質・能力の整理（出典：中教審答申，別添資料，別添16-1）**

柱の一つとして，他の二つの柱と相互に関わっているということです。

この関わりやつながりを重視し，学習指導要領では，全ての教科等の目標や内容について，「知識及び技能」「思考力，判断力，表現力等」「学びに向かう力，人間性等」の三つの柱で再整理が図られています。

道徳科の学習指導要領は，全面改訂に先行して改訂されたため，三つの柱は明示されていませんが，中教審答申の別添資料では，他教科等と同様に育成を目指す資質・能力が三つの柱で整理されています（図２）。その際，道徳教育で育成を目指す資質・能力は「道徳性」であり，柱の一つである「人間性」に深く関わっていますが，その育成には，道徳的諸価値の理解と思考力を育成する学習活動が不可欠であることが示されています。

「資質・能力の三つの柱」は，資質・能力の育成を目指した諸外国の教育改革やこれまで国内で提起されてきた様々な資質・能力（人間力，学士力など）の分析を踏まえて提起されています。これらの資質・能力に共通しているのは，中教審答申でも指摘されているように，知識に関するもの，思考や判断，表現等に関わる力に関するもの，情意や態度等に関するものの三つに分類されうることです。

とりわけ諸外国の教育改革で目立つのは，伝統的に学力として重視されてきた知識や思考力の育成に加えて，情意や態度に関する資質・能力が注目されていることです。具体的には，人生設計，キャリア形成や自己管理など自己の生き方に関わる資質・能力，協働や社会参画など他者や社会に関わる資質・能力などです（図３）。

もとより日本の学校教育は，知・徳・体の調和のとれた「生きる力」の育成を目指してきた点で，こうした世界の潮流を先取りしてきたと言えるでしょう。しかし，今日世界の教育改革で求められているのは，知・徳・体を教科等の縦割りで分業的に育成することではなく，三者を一体的に育成する教育課程の実現なのです。

| OECD（DeSeCo） | | EU | イギリス | オーストラリア | ニュージーランド | （アメリカほか） | |
|---|---|---|---|---|---|---|---|
| キーコンピテンシー | | キーコンピテンシー | キースキルと思考スキル | 汎用的能力 | キーコンピテンシー | 21世紀スキル | |
| 相互作用的道具活用力 | 言語，記号の活用 | 第1言語 外国語 | コミュニケーション | リテラシー | 言語・記号・テキストを使用する能力 | | 基礎的リテラシー |
| | 知識や情報の活用 | 数学と科学技術のコンピテンス | 数字の応用 | ニューメラシー | | | |
| | 技術の活用 | デジタル・コンピテンス | 情報テクノロジー | ICT技術 | | 情報リテラシー ICTリテラシー | |
| 反省性（考える力）（協働する力）（問題解決力） | | 学び方の学習 | 思考スキル（問題解決）（協働する） | 批判的・創造的思考力 | 思考力 | 創造とイノベーション | 認知スキル |
| | | | | | | 批判的思考と問題解決 | |
| | | | | | | 学び方の学習 | |
| | | | | | | コミュニケーション | |
| | | | | | | コラボレーション | |
| 自律的活動力 | 大きな展望 | 進取の精神と起業精神 | 問題解決 協働する | 倫理的理解 | 自己管理力 | キャリアと生活 | 社会スキル |
| | 人生設計と個人的プロジェクト | | | | | | |
| | 権利・利害・限界や要求の表明 | 社会的・市民的コンピテンシー 文化的気づきと表現 | | 個人的・社会的能力 異文化間理解 | 他者との関わり 参加と貢献 | 個人的・社会的責任 | |
| 異質な集団での交流力 | 人間関係力 | | | | | | |
| | 協働する力 | | | | | シティズンシップ | |
| | 問題解決力 | | | | | | |

**図３　諸外国の教育改革における資質・能力目標（出典：中教審答申，補足資料，p.100）**

## 3　道徳科で育成を目指す資質・能力と学習活動

資質・能力を育成するという考え方は，これまでの道徳教育にとって疎遠なものではありません。むしろ，「道徳の時間」はその特設以来，一貫して，内面的資質の育成を重視してきたと言ってよいでしょう。そこで「能力」という語が直接使用されることはほとんどありませんでしたが，今回の学習指導要領における「資質・能力」は，資質と能力を一体的に捉えた用語として示されており，内面的資質に目を向けてきた道徳教育は，資質・能力の育成を目指してきたとみることもできるでしょう。

道徳教育の改善に向け，文部科学省に設置された「道徳教育の充実に関する懇談会」の報告では，その基本的な方向性を評価しつつも，「道徳教育の目標自体が内面的なものに偏って捉えられがちとなっている」ことや，「内面的資質としての道徳的実践力が強調されるあまり，道徳教育における実践的な行動力等の育成が軽視されがちな面がある」と指摘しました（「今後の道徳教育の改善・充実方策について（報告）」平成25（2013）年12月26日）。

この指摘にみるように，教科化に向けた審議における中心的な課題は，育成を目指す資質・能力，すなわち，道徳の授業を通してどんな力を育てるか，についての見直しでした。そして，この懇談会の提言から中央教育審議会答申「道徳に係る教育課程の改善等について」（平成26（2014）年10月21日）を経て，道徳科（授業）の目標は，学校における道徳教育全体の目標と共通に「よりよく生きるための基盤となる道徳性を養う」と示されました。

道徳教育としての目標を共有しつつ，道徳科としての特質は，その学習活動を具体化することが示されています。すなわち，「道徳的諸価値についての理解を基に，自己を見つめ，物事を広い視野から多面的・多角的に考え，人間としての生き方についての考えを深める学習」（学習指導要領第３章第１）を通して，よりよく生きていくための資質・能力を育成することに道徳科の特質があります。

このように学習活動の特質が具体的に目標に盛り込まれたことは，各学校における指導の工夫を妨げるものではありません。むしろ逆に，これまで「何を学ぶか」という内容（道徳的諸価値）をそのまま学習のねらいとしてきた授業に対し，目標としての資質・能力育成に向けては，「どのように学ぶか」に着目して，学習活動の充実と学習過程の質的向上が求められることを改めて強調していると言えるでしょう。

目標とする資質・能力について，上の中教審答申では，「特定の価値観を押し付けたり，主体性をもたず言われるままに行動するよう指導したりすることは，道徳教育が目指す方向の対極にある」と強く注意を促し，「多様な価値観の，時に対立がある場合を含めて，誠実にそれらの価値に向き合い，道徳としての問題を考え続ける姿勢こそ道徳教育で養うべき基本的資質であると考えられる」と示しています。

このような資質・能力を育成するためには，時に対立もあるような，答えが一つでない道徳的な問題を自分自身の問題として受け止め，多様な見方・考え方に出会って多面的・多角的に考え，議論しながら自分らしい選択やよりよい解決を目指す学習活動が求められます。道徳科で育成を目指す資質・能力（道徳性）は，「考え，議論する」学習活動を充実することによって育まれるのです。

学習指導要領で示された道徳科の内容（道徳的諸価値）は，それらについての理解を基に，自己を見つめ，多面的・多角的に考えるための，いわば「手掛かり」となるものであって，目標そのものではありません。道徳科の学習に求められるのは，道徳的諸価値の理解に留まるのではなく，自分の幸福とよりよい社会を実現していくための生きて働く道徳性の育成です。子供たち自身が，複雑な実生活や社会で出会う問題場面や状況の中で，道徳的価値の理解を基に多面的・多角的な思考を働かせながら，価値を実現するよりよい解決を見いだすことのできる力です。多様な見方・考え方と出会いながら考え，議論する学習過程の充実が，道徳科で育成を目指す資質・能力に通じるプロセスなのです。

## 4　道徳教育改革を実現する視点

「考え，議論する道徳」への質的転換を実現するには，道徳科の授業改善や評価の充実と共に，それらを学校の道徳教育改革と一体で進めることが必要です。ただし，改革といっても，新しい取組を一から始めなければならないのではありません。求められるのは，学習指導要領に示された「社会に開かれた教育課程」や「カリキュラム・マネジメント」の実現です。それらは，これまで各学校が実践してきた組織的・計画的な道徳教育を意識的に充実していくことに他なりません。

学校の教育活動全体を通じた道徳教育として，これまでも，全体計画の作成を通して，各教科等における道徳教育の視点を明示して教育課程の有機的なつながりを図るとともに，家庭との連携や地域の人的・物的資源の活用を示すなど，学校の創意工夫を生かしたカリキュラム・マネジメントが推進されてきました。各学校は，その資産を生かしつつ，これまでの取組を評価・改善するPDCAサイクルを位置付け，カリキュラム・マネジメントの実質化を図るよう期待されています。

このカリキュラム・マネジメントの中核となるのが道徳科です。従前の学習指導要領で示されてきた，学校の道徳教育を「補充，深化，統合」する役割は，表現を変えて次のように道徳科に引き継がれています（第３　指導計画の作成と内容の取扱い　2⑵）。

道徳科が学校の教育活動全体を通じて行う道徳教育の要としての役割を果たすことができるよう，計画的・発展的な指導を行うこと。特に，各教科，総合的な学習の時間及び特別活動における道徳教育としては取り扱う機会が十分でない内容項目に関わる指導を補うことや，生徒や学校の実態等を踏まえて指導をより一層深めること，内容項目の相互の関連を捉え直したり発展させたりすることに留意すること。

教科化によって授業だけに閉じてしまっては改革に逆行します。横断的な教育課題を積極的に引き受け，多様な学習活動や学習経験とつながりながら，学校として社会に開かれた道徳教育に取り組む環境づくりが求められているのです。

【参考文献】
○中央教育審議会『道徳に係る教育課程の改善等について（答申）』2014年10月21日
○中央教育審議会『幼稚園，小学校，中学校，高等学校及び特別支援学校の学習指導要領等の改善及び必要な方策等について（答申）』2016年12月21日
○道徳教育の充実に関する懇談会『今後の道徳教育の改善・充実方策について（報告）～新しい時代を，人としてより良く生きる力を育てるために～』2013年12月26日

# 第２章

# 「特別の教科　道徳」の学習指導要領を読み解く

第１節
# 目標を読み解く

Q　道徳教育の目標，「特別の教科　道徳」の目標をどのように捉えればよいですか。

## 1　道徳教育の目標

### (1) 「道徳教育や体験活動，多様な表現や鑑賞の活動等を通して，豊かな心や創造性の涵養を目指した教育」の充実を図る

新学習指導要領では，総則において，道徳教育の目標を記す前に，「道徳教育や体験活動，多様な表現や鑑賞の活動等を通して，豊かな心や創造性の涵養を目指した教育の充実に努めること」と記されています。道徳教育を一層充実させるために，豊かな体験活動や感性を育てる体験的学習，豊かに心を通わせ，感受性を高め，創造的に新しい価値を創り出す学習を積極的に取り入れていくことを求めています。道徳教育を心の教育や新しい価値を創造する教育という視点から捉え直し充実させていこうとする意図が読み取れます。

### (2) 道徳教育は法律に基づいて行われ，学校教育の中核であることの確認

道徳教育の目標の記述において，今回も「教育基本法及び学校教育法に定められた教育の根本精神に基づき」という文言から始まっています。このことは，二つの意味があると解釈できます。一つは戦後の道徳教育は法律に基づいてなされるものであること（戦前の教育の反

省），二つは法律において道徳教育は教育の中核に位置付けられていることを確認することを求めていると捉えられます。

### (3)　道徳教育は学校教育全体で行うものであり，その要として「特別の教科　道徳」が設けられている

総則の第１の２の(2)の本文の最初に「学校における道徳教育は，特別の教科である道徳（以下「道徳科」という。）を要として学校の教育活動全体を通じて行うものであ」ることが明記されています。ここに，学校における道徳教育の構造が明確に示されています。道徳の時間が「特別の教科　道徳」になっても，今までと同様に道徳教育は学校教育全体において行うものであり，「特別の教科　道徳」がその要の役割を果たすように，子供たちの発達段階を考慮して適切に指導を行うこととされています。

そして，総則において，道徳教育の全体計画について述べられています。また，全ての各教科等の「第３　指導計画の作成と内容の取扱い」において，「特別の教科道徳の第２に示す内容について，○○（ここには各教科等が入っています）の特質に応じて適切な指導をすること」と明記されています。全教育活動における道徳教育の充実が一層強調されているのです。

### (4)　カリキュラム・マネジメントの視点を反映させること

今回の改訂においては，カリキュラム・マネジメントという言葉が総則に明記され，指導計画の充実を求めています。その具体として，総則の第１の４で「生徒や学校，地域の実態を適切に把握し，教育の目的や目標の実現に必要な教育の内容を教科等横断的な視点で組み立てていくこと」を求めています。道徳教育の内容は，全ての教育活動と関わるものであり，その要として「特別の教科　道徳」が設置されていることから，カリキュラム・マネジメントの視点を最も反映させる必要があります。

### (5)　道徳教育の目標は，自律的に道徳的実践を行い共によりよく生きようとする子供たちを育てること

道徳教育の目標は，「自己の生き方を考え，主体的な判断の下に行動し，自立した人間として他者と共によりよく生きるための基盤となる道徳性を養うこと」と記されています。

この文面から言えば，道徳教育は道徳性を養うことを目標とする，ということになります。学習指導要領解説では，道徳性を「道徳的諸価値が統合したもの」と捉えていますので，基本的な道徳的価値が示されている道徳の指導内容を指導するということになります。

そのことを，トータルとしての子供の姿で示す必要があります。今回の改訂において（正確には平成27年３月の学習指導要領一部改訂から），目指すべき子供の姿が描けるような表現になっています（図１）。

ポイントが二つあります。まず，人間としての自己の生き方をしっかり考えられる子供です。そして，それを追い求めて，日常生活や様々な学習活動及びこれからの自らの生き方において，主体的に判断し行動できる子供です。

それは簡単ではありません。いろいろと葛藤し，チャレンジしなが

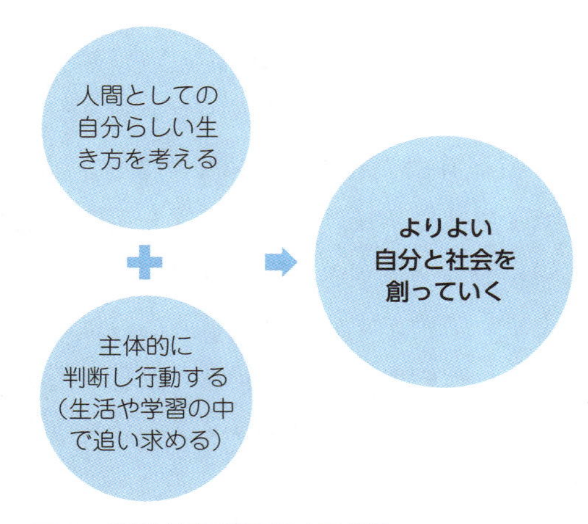


**図１　道徳教育が目指す子供像**

ら成長していきます。それが自立した人間ということです。そういう子供たちが一緒になってよりよい社会を創っていくのです。これが道徳教育の求める子供像であり，道徳教育の目標なのです。一言で言えば自律的に道徳的実践ができる子供を育てるのが，我が国の道徳教育の目標だということになります。

#### (6)　人間尊重の精神と生命に対する畏敬の念を具体的な生活の中に生かす

さらに，目標に続いて留意事項が書かれています。この内容は，従来は道徳教育の目標として書かれていたものです。同様の重みをもって捉える必要があります。一言で言えば，日本国憲法の「崇高な理想」（世界の平和と人類の福祉に貢献する）を具現化できる子供たちの育成です。そのための基本が「人間尊重の精神と生命に対する畏敬の念を家庭，学校，その他社会における具体的な生活の中に生か」すことなのです。

道徳教育の理念は，戦後一貫して変わっていないということです。

### 2　「特別の教科　道徳」の目標

道徳教育の要である「特別の教科　道徳」の目標は，「よりよく生きるための基盤となる道徳性を養うため，道徳的諸価値についての理解を基に，自己を見つめ，物事を（広い視野から）多面的・多角的に考え，自己の生き方（人間としての生き方）についての考えを深める学習を通して，道徳的な判断力，心情，実践意欲と態度を育てる」（（　）は中学校）となっています。ここでは，小学校と中学校を一緒にして理解する必要があります。

#### (1)　道徳教育の目標と関わらせて指導する

まず，「よりよく生きるための基盤となる道徳性を養うため」と記されています。この文言は，道徳教育の目標の最後の文言と同じです。当然のことながら，「特別の教科　道徳」は道徳教育の目標を要となって追求していく時間であることを表しています。つまり，道徳教育の目標と関わらせて，指導しなければいけないということです。

### (2)　三つのキーワード

「特別の教科　道徳」の目標にある言葉を図式化すると次のようになります（図２）。道徳の授業においては，三つのキーワードで示すことができます。一つは「道徳的諸価値の理解」。一つは「自己を見つめる」。もう一つは「物事を多面的・多角的に考える」です。この三つのキーワードは別々にあるのではなく，全て関わらせて指導していく必要があります。そのことを通して，「人間としての自分らしい生き方についての考えを深める」学習が保障されなければならないことが記されています。

道徳的諸価値の理解というのは，要するに自分を見つめる判断基準，あるいはいろいろな状況の中でどうすればいいかを考える判断基準になります。ですから，道徳的諸価値の理解は当然，人間として成長するとはどういうことかということと関わらせて，捉える必要があります。

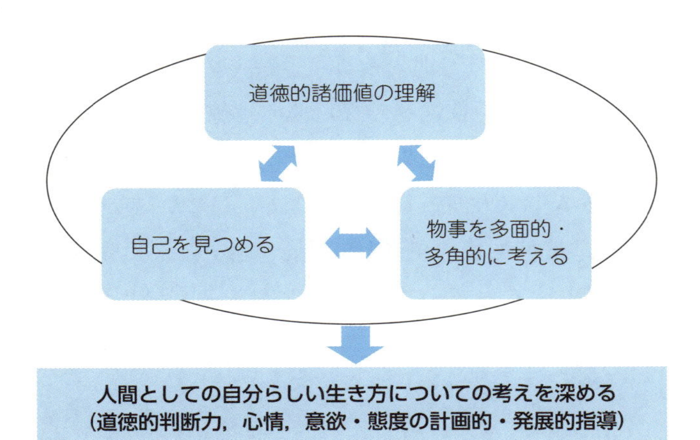


図２　「特別の教科　道徳」の目標の図式化

自己を見つめるということにおいては，人間としての自分らしい生き方という視点から，今の自分，今までの自分，これからの自分を捉え直してみる。あるいは，いろいろな状況の中で自分はどうすればよいのかということを考えていく。こういったことが自己を見つめるということになります。

物事を多面的・多角的に考えるというのは，いろいろな道徳的な事象，道徳的な状況をどのように捉えればよいのか，またそれらに対してどのように対応することが，人間としての自分らしい生き方ということなのだろうか。そういうことをしっかり考えられる力を育てるということです。

そして，それらの学びを通して「人間としての自分らしい生き方についての考えが深め」られるようにするのが「特別の教科　道徳」の目標なのです。小学校においては「自己の生き方」，中学校では「人間としての生き方」となっていますが，一緒にして「人間としての自分らしい生き方」と捉えた方が本来の意味になります。

### (3)　道徳的判断力，道徳的心情，道徳的実践意欲・態度を計画的・発展的に育めるようにする

「特別の教科　道徳」は，基本的な道徳的価値全体にわたって計画的・発展的に指導する役割を担っています。具体的には，道徳性の基本である道徳的判断力，心情，意欲・態度（道徳性に関わる知，情，意と捉えられます）を，それぞれの道徳的価値に関わって育み，道徳性全体を計画的・発展的に高めていくのです。

道徳的判断力とは，善悪の判断であることは当然なのですが，今日善ではないが悪でもないという事象が多く見受けられます。そこにおいて何が判断基準として大切なのかと言えば，「人間としてどうすることが求められるのか」という基準からの判断です。道徳的判断力をそのように捉えていく必要があります。道徳的心情も，「人間として望まれる事象や状況」に喜びの感情をもち，「人間として望ましくな

い事象や状況」に不快の感情をもつことと捉えられます。さらに，道徳的実践意欲・態度は，「人間として望まれることを自分らしく実行しようとする構え」，逆に言えば「人間として望ましくないことはやめておこうとする自制心」ということになります。この道徳的実践意欲・態度は，「構え」や「自制心」で終わる場合と，「具体的実践」「自制」へと進む場合とがあります。当然，後者を育むわけです。

つまり，今回，「特別の教科　道徳」の目標にある，「人間としての自分らしい生き方についての考えを深める」ことを基盤とした道徳的判断力，道徳的心情，道徳的実践意欲・態度の育成が求められるのです。なお，道徳的判断力，道徳的心情，道徳的実践意欲・態度は相互に関わり合いをもっています。そのことによって，生きて働く道徳性が育まれていくのです。

## 3　多面的・多角的に考えるとはどういうことか

「特別の教科　道徳」の目標にある「多面的・多角的に考える」ということが，授業改革のキーワードとして，よく取り上げられます。

それは，道徳的な事象や状況に対してどのように考えるかということです。まず直観的に考えることが大切です。それが道徳的感覚を養います。そこからどう思考を深めていくかです。いわゆる分析的思考になります。その思考の方法（スキル）を子供たちが身に付ければ，いろんな道徳的事象や状況を考えたり，直面したりしたときに応用できるのです。道徳的な見方・考え方のスキルの基本として，思考の視点移動が考えられます。大きくは，対象軸，時間軸，条件軸，本質軸の視点移動です。

相手や第三者などの立場から考える対象軸の視点移動。過去や結果，将来などから考える時間軸の視点移動。条件や状況を変えたり比較したりして考える条件軸の視点移動。本質から考える本質軸の視点

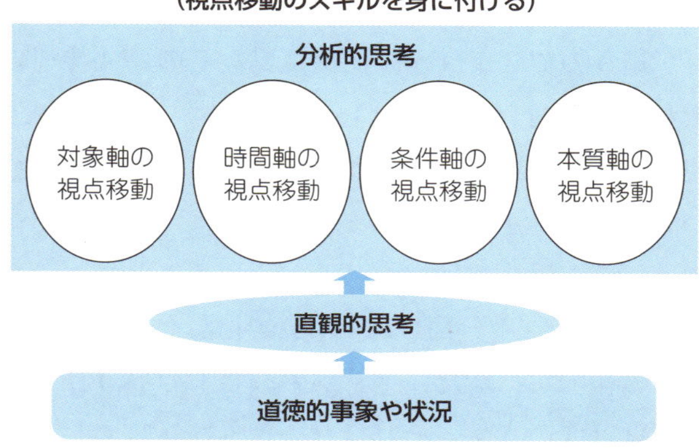


**図３　道徳的思考の基本**

移動です。その方法（スキル）を子供たちが身に付ければ，応用力のある道徳的思考力を育てていけると考えられます。

## ４　道徳の時間と「特別の教科　道徳」は何が同じで何が違うのか

### (1)　道徳の時間と「特別の教科　道徳」は道徳の本質に基づいて設置されていることにおいては変わらない

道徳の時間も「特別の教科　道徳」も，人格の基盤となる道徳性を形成する基本的な道徳的諸価値について計画的，発展的，総合的に学び，道徳的実践へとつながる道徳的実践力を身に付けるという点において同じです。また，各教科等における道徳教育の要としての役割を担うのも同じです。

### (2)　道徳の時間は教科外に位置付けられているが，「特別の教科　道徳」は教科内に，かつ特別の教科として位置付けられている

では，何が違うのでしょうか。明確に異なるのは「特別の教科　道徳」は，教科に位置付けられたということです。そのことによって，教科書の使用と評価が義務付けられます。当然，各教科の特質に応じた教科書の開発や評価が求められます。それは，各教科で行われている丁寧な指導，積み重ねる指導が必要だということです。予習，復習や学んだことの確認，ノート指導，系統的指導などが求められます。

また，教科の枠の中に新たに「特別の教科」という枠を設けてそこに道徳を位置付けています。それはどのような意味でしょうか。道徳は，全ての教育活動と関わるのであり，そこに独自性があります。つまり，各教科等を横断的に包み込んで成り立つということです。言わばスーパー教科として位置付いているということです。

そこから，校長と道徳教育推進教師を中核とする組織的，総合的指導が求められます。また，各教科等との連携の強化，様々な教育課題への対応（総合道徳），環境の充実整備，家庭や地域との連携などが重要になるのです。

さらに，道徳教育の新しい役割に応じて，要としての役割が果たせるように授業を充実させる必要があります。

## 5　道徳教育全体と「特別の教科　道徳」との関係

最後に，学校全体で取り組む道徳教育と「特別の教科　道徳」との関係について確認しておきます。

「特別の教科　道徳」は，道徳性の根底にある道徳的判断力，心情，実践意欲・態度を，基本的な道徳的価値全体にわたって計画的・発展的に指導する役割を担っています。したがって，全ての教育活動と関わりをもつのです。これが中核になります。

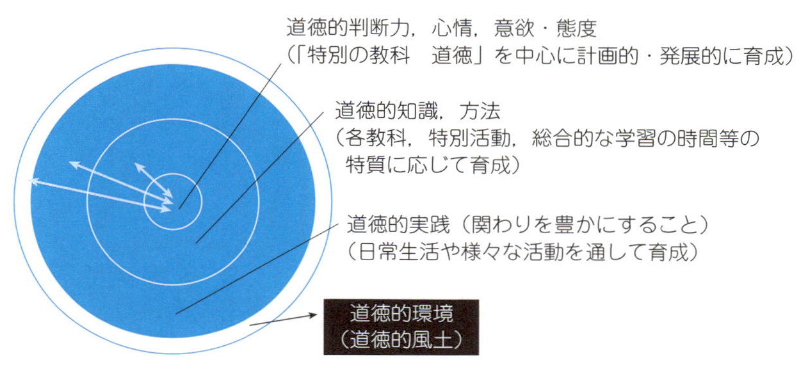


**図４　道徳教育の全体と「特別の教科　道徳」の関係**

次に，「特別の教科　道徳」での学びを囲む円として，各教科等における道徳教育があります。その中で，当然，道徳的判断力や，心情，実践意欲・態度が育まれるのですが，計画的・発展的にではありません。それぞれの教科等の特質に応じて指導されます。そのことを踏まえた上で，各教科等においては，特に道徳的知識や道徳的実践の方法，さらには道徳的事象についての追究方法などを学んでいきます。

それらがあって，道徳的な実践が具体化します。それは，いろいろな関わり（主には，自分自身，人，集団や社会，生命や自然，崇高なものとの関わり）を豊かにしていくことと捉えられます。そのような状況においては，当然，その場が道徳的な雰囲気を醸し出すようになります。そしてそれらを踏まえて，環境（物理的環境，人的環境，情報的環境など）を整備することによって，さらに道徳的環境（道徳的風土）にしていくのです。

# 第２節
# 内容を読み解く

**Q** 「特別の教科　道徳」における四つの視点の内容とそれぞれのポイントを教えてください。

## １　内容の基本的な押さえ

### (1)　全教育活動における道徳教育の内容であり，要である「特別の教科　道徳」では全部の内容を指導する

道徳教育の内容については，総則の「第２　教育課程の編成」の「３　教育課程の編成における共通的事項」の中に，「道徳科を要として学校の教育活動全体を通じて行う道徳教育の内容は，第３章特別の教科道徳の第２に示す内容とし」と明記されています。

また，「第３章　特別の教科　道徳」の「第２　内容」の冒頭に，「学校の教育活動全体を通じて行う道徳教育の要である道徳科においては，以下に示す項目について扱う」と記されています。

さらに，「第３章　特別の教科　道徳」の「第３　指導計画の作成と内容の取扱い」において，小学校では，「第２に示す各学年段階の内容項目について，相当する各学年において全て取り上げることとする」と記されており，中学校においても，「第２に示す内容項目について，各学年において全て取り上げることとする」と明記されています。

これらのことから，「第２　内容」に示される項目は，教育活動全

体において指導する内容であると同時に，「特別の教科　道徳」においては，毎学年，全部の内容項目について指導しなければならないことになります。

### (2)　道徳性の育成は関わりを豊かにすること

道徳教育の指導内容は，四つの関わりごとに，かつ学年段階ごとに重点的に示されています。このような内容の示し方は，同時に道徳教育の在り方をも示しています。

**●四つの視点**

A　主として自分自身に関すること
B　主として人との関わりに関すること
C　主として集団や社会との関わりに関すること
D　主として生命や自然，崇高なものとの関わりに関すること

全ての子供たちが，道徳性の萌芽をもって生まれてきます。その萌芽は，日常生活における様々な関わりを通して成長していきます。つまり，道徳性が成長するとは，日常生活における関わりを豊かにしていくことだと言えるわけです。

その関わりの基本的なものが四つの視点として示されています。主に，自分自身，人，集団や社会，生命・自然・崇高なものです。これらの関わりを豊かにしていくために求められる価値意識，言い換えれば，これらの関わりを豊かにしていくことによって育まれる道徳的価値意識を，発達段階を考慮して示しているのが，指導内容項目です。

道徳教育は，人間としての自分らしい生き方を考え追い求めることですから，全ての関わりが自分自身を主役にしてなされます。

つまり，自分自身との関わりは，自分自身と自分自身との関わりですから，自分のことは自分で行うとか，自分自身との対話の仕方など

がポイントになります。

自分自身と人との関わりにおいては，人と接する心構えや具体的行動指針といったものがポイントになります。

自分自身と集団や社会との関わりにおいては，集団や社会と接する心構えや様々な集団や社会における身の処し方といったものがポイントになります。

自分自身と生命や自然，崇高なものとの関わりにおいては，自分自身を含めて様々な生命や様々な自然，崇高なものと接する際の心構えや具体的な関わり方がポイントになります。

それらのポイントを自分らしく発展させていくために必要なものとして指導内容項目が，発達段階ごとに示されています。子供たち一人一人が，指導内容項目を窓口として自らの道徳性を発展させていくことを求めています。

つまり，道徳性の成長は，自分自身，人，集団や社会，生命や自然，崇高なものとの関わりを豊かにすることであり，そのことは同時に道徳的価値意識を育んでいくことになるのです。「豊かな体験による内面に根ざした道徳性の育成」が道徳教育の基本原理であることが理解できます（次ページ図参照）。

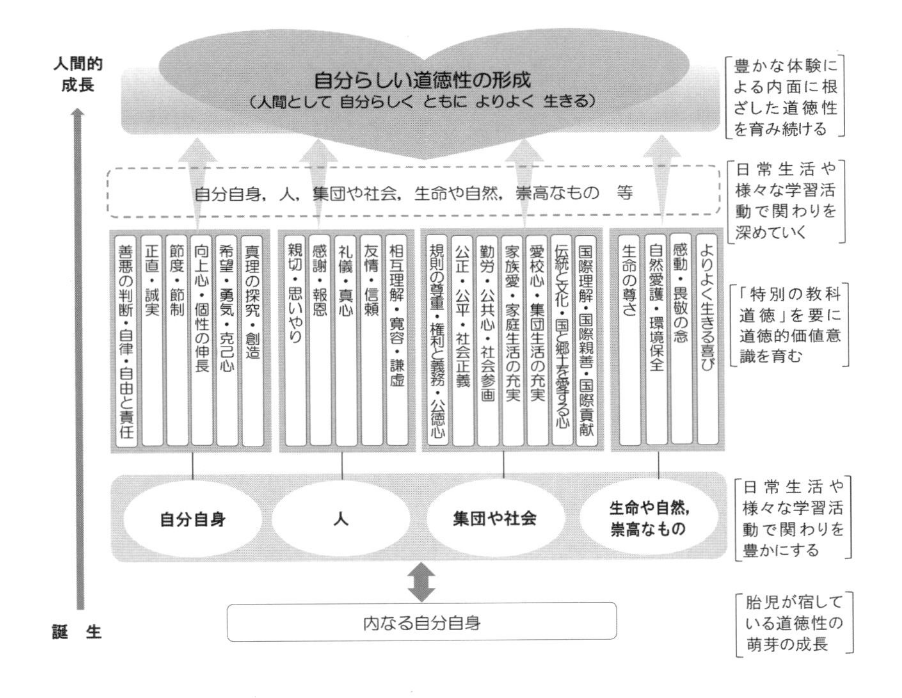
人間的成長
誕　生
自分らしい道徳性の形成
（人間として 自分らしく ともに よりよく 生きる）
自分自身，人，集団や社会，生命や自然，崇高なもの　等
善悪の判断・自律・自由と責任
正直・誠実
節度・節制
向上心・個性の伸長
希望・勇気・克己心
真理の探究・創造
親切・思いやり
感謝・報恩
礼儀・真心
友情・信頼
相互理解・寛容・謙虚
規則の尊重・権利と義務・公徳心
公正・公平・社会正義
勤労・公共心・社会参画
家族愛・家庭生活の充実
愛校心・集団生活の充実
伝統と文化・国と郷土を愛する心
国際理解・国際親善・国際貢献
生命の尊さ
自然愛護・環境保全
感動・畏敬の念
よりよく生きる喜び
自分自身
人
集団や社会
生命や自然，崇高なもの
内なる自分自身
［豊かな体験による内面に根ざした道徳性を育み続ける］
［日常生活や様々な学習活動で関わりを深めていく］
［「特別の教科道徳」を要に道徳的価値意識を育む］
［日常生活や様々な学習活動で関わりを豊かにする］
［胎児が宿している道徳性の萌芽の成長］

## 内容項目一覧（『中学校学習指導要領解説　特別の教科　道徳編』平成29年７月）

| | 小学校第１学年及び第２学年 | 小学校第３学年及び第４学年 |
|---|---|---|
| **A　主として自分自身に関すること** | | |
| 善悪の判断，自律，自由と責任 | (1)　よいことと悪いこととの区別をし，よいと思うことを進んで行うこと。 | (1)　正しいと判断したことは，自信をもって行うこと。 |
| 正直，誠実 | (2)　うそをついたりごまかしをしたりしないで，素直に伸び伸びと生活すること。 | (2)　過ちは素直に改め，正直に明るい心で生活すること。 |
| 節度，節制 | (3)　健康や安全に気を付け，物や金銭を大切にし，身の回りを整え，わがままをしないで，規則正しい生活をすること。 | (3)　自分でできることは自分でやり，安全に気を付け，よく考えて行動し，節度のある生活をすること。 |
| 個性の伸長 | (4)　自分の特徴に気付くこと。 | (4)　自分の特徴に気付き，長所を伸ばすこと。 |
| 希望と勇気，努力と強い意志 | (5)　自分のやるべき勉強や仕事をしっかりと行うこと。 | (5)　自分でやろうと決めた目標に向かって，強い意志をもち，粘り強くやり抜くこと。 |
| 真理の探究 | | |
| **B　主として人との関わりに関すること** | | |
| 親切，思いやり | (6)　身近にいる人に温かい心で接し，親切にすること。 | (6)　相手のことを思いやり，進んで親切にすること。 |
| 感謝 | (7)　家族など日頃世話になっている人々に感謝すること。 | (7)　家族など生活を支えてくれている人々や現在の生活を築いてくれた高齢者に，尊敬と感謝の気持ちをもって接すること。 |
| 礼儀 | (8)　気持ちのよい挨拶，言葉遣い，動作などに心掛けて，明るく接すること。 | (8)　礼儀の大切さを知り，誰に対しても真心をもって接すること。 |
| 友情，信頼 | (9)　友達と仲よくし，助け合うこと。 | (9)　友達と互いに理解し，信頼し，助け合うこと。 |
| 相互理解，寛容 | | (10)　自分の考えや意見を相手に伝えるとともに，相手のことを理解し，自分と異なる意見も大切にすること。 |
| **C　主として集団や社会との関わりに関すること** | | |
| 規則の尊重 | (10)　約束やきまりを守り，みんなが使う物を大切にすること。 | (11)　約束や社会のきまりの意義を理解し，それらを守ること。 |
| 公正，公平，社会正義 | (11)　自分の好き嫌いにとらわれないで接すること。 | (12)　誰に対しても分け隔てをせず，公正，公平な態度で接すること。 |
| 勤労，公共の精神 | (12)　働くことのよさを知り，みんなのために働くこと。 | (13)　働くことの大切さを知り，進んでみんなのために働くこと。 |
| 家族愛，家庭生活の充実 | (13)　父母，祖父母を敬愛し，進んで家の手伝いなどをして，家族の役に立つこと。 | (14)　父母，祖父母を敬愛し，家族みんなで協力し合って楽しい家庭をつくること。 |
| よりよい学校生活，集団生活の充実 | (14)　先生を敬愛し，学校の人々に親しんで，学級や学校の生活を楽しくすること。 | (15)　先生や学校の人々を敬愛し，みんなで協力し合って楽しい学級や学校をつくること。 |
| 伝統と文化の尊重，国や郷土を愛する態度 | (15)　我が国や郷土の文化と生活に親しみ，愛着をもつこと。 | (16)　我が国や郷土の伝統と文化を大切にし，国や郷土を愛する心をもつこと。 |
| 国際理解，国際親善 | (16)　他国の人々や文化に親しむこと。 | (17)　他国の人々や文化に親しみ，関心をもつこと。 |
| **D　主として生命や自然，崇高なものとの関わりに関すること** | | |
| 生命の尊さ | (17)　生きることのすばらしさを知り，生命を大切にすること。 | (18)　生命の尊さを知り，生命あるものを大切にすること。 |
| 自然愛護 | (18)　身近な自然に親しみ，動植物に優しい心で接すること。 | (19)　自然のすばらしさや不思議さを感じ取り，自然や動植物を大切にすること。 |
| 感動，畏敬の念 | (19)　美しいものに触れ，すがすがしい心をもつこと。 | (20)　美しいものや気高いものに感動する心をもつこと。 |
| よりよく生きる喜び | | |

| 小学校第５学年及び第６学年 | 中学校 | |
|---|---|---|
| **A　主として自分自身に関すること** | | |
| (1) 自由を大切にし，自律的に判断し，責任のある行動をすること。 | (1) 自律の精神を重んじ，自主的に考え，判断し，誠実に実行してその結果に責任をもつこと。 | **自主，自律，<br>自由と責任** |
| (2) 誠実に，明るい心で生活すること。 | | |
| (3) 安全に気を付けることや，生活習慣の大切さについて理解し，自分の生活を見直し，節度を守り節制に心掛けること。 | (2) 望ましい生活習慣を身に付け，心身の健康の増進を図り，節度を守り節制に心掛け，安全で調和のある生活をすること。 | **節度，節制** |
| (4) 自分の特徴を知って，短所を改め長所を伸ばすこと。 | (3) 自己を見つめ，自己の向上を図るとともに，個性を伸ばして充実した生き方を追求すること。 | **向上心，<br>個性の伸長** |
| (5) より高い目標を立て，希望と勇気をもち，困難があってもくじけずに努力して物事をやり抜くこと。 | (4) より高い目標を設定し，その達成を目指し，希望と勇気をもち，困難や失敗を乗り越えて着実にやり遂げること。 | **希望と勇気，<br>克己と強い意志** |
| (6) 真理を大切にし，物事を探究しようとする心をもつこと。 | (5) 真実を大切にし，真理を探究して新しいものを生み出そうと努めること。 | **真理の探究，創造** |
| **B　主として人との関わりに関すること** | | |
| (7) 誰に対しても思いやりの心をもち，相手の立場に立って親切にすること。 | (6) 思いやりの心をもって人と接するとともに，家族などの支えや多くの人々の善意により日々の生活や現在の自分があることに感謝し，進んでそれに応え，人間愛の精神を深めること。 | **思いやり，感謝** |
| (8) 日々の生活が家族や過去からの多くの人々の支え合いや助け合いで成り立っていることに感謝し，それに応えること。 | | |
| (9) 時と場をわきまえて，礼儀正しく真心をもって接すること。 | (7) 礼儀の意義を理解し，時と場に応じた適切な言動をとること。 | **礼儀** |
| (10) 友達と互いに信頼し，学び合って友情を深め，異性についても理解しながら，人間関係を築いていくこと。 | (8) 友情の尊さを理解して心から信頼できる友達をもち，互いに励まし合い，高め合うとともに，異性についての理解を深め，悩みや葛藤も経験しながら人間関係を深めていくこと。 | **友情，信頼** |
| (11) 自分の考えや意見を相手に伝えるとともに，謙虚な心をもち，広い心で自分と異なる意見や立場を尊重すること。 | (9) 自分の考えや意見を相手に伝えるとともに，それぞれの個性や立場を尊重し，いろいろなものの見方や考え方があることを理解し，寛容の心をもって謙虚に他に学び，自らを高めていくこと。 | **相互理解，寛容** |
| **C　主として集団や社会との関わりに関すること** | | |
| (12) 法やきまりの意義を理解した上で進んでそれらを守り，自他の権利を大切にし，義務を果たすこと。 | (10) 法やきまりの意義を理解し，それらを進んで守るとともに，そのよりよい在り方について考え，自他の権利を大切にし，義務を果たして，規律ある安定した社会の実現に努めること。 | **遵法精神，公徳心** |
| (13) 誰に対しても差別をすることや偏見をもつことなく，公正，公平な態度で接し，正義の実現に努めること。 | (11) 正義と公正さを重んじ，誰に対しても公平に接し，差別や偏見のない社会の実現に努めること。 | **公正，公平，<br>社会正義** |
| (14) 働くことや社会に奉仕することの充実感を味わうとともに，その意義を理解し，公共のために役に立つことをすること。 | (12) 社会参画の意識と社会連帯の自覚を高め，公共の精神をもってよりよい社会の実現に努めること。 | **社会参画，<br>公共の精神** |
| | (13) 勤労の尊さや意義を理解し，将来の生き方について考えを深め，勤労を通じて社会に貢献すること。 | **勤労** |
| (15) 父母，祖父母を敬愛し，家族の幸せを求めて，進んで役に立つことをすること。 | (14) 父母，祖父母を敬愛し，家族の一員としての自覚をもって充実した家庭生活を築くこと。 | **家族愛，家庭生活の充実** |
| (16) 先生や学校の人々を敬愛し，みんなで協力し合ってよりよい学級や学校をつくるとともに，様々な集団の中での自分の役割を自覚して集団生活の充実に努めること。 | (15) 教師や学校の人々を敬愛し，学級や学校の一員としての自覚をもち，協力し合ってよりよい校風をつくるとともに，様々な集団の意義や集団の中での自分の役割と責任を自覚して集団生活の充実に努めること。 | **よりよい学校生活，<br>集団生活の充実** |
| (17) 我が国や郷土の伝統と文化を大切にし，先人の努力を知り，国や郷土を愛する心をもつこと。 | (16) 郷土の伝統と文化を大切にし，社会に尽くした先人や高齢者に尊敬の念を深め，地域社会の一員としての自覚をもって郷土を愛し，進んで郷土の発展に努めること。 | **郷土の伝統と文化の尊重，郷土を愛する態度** |
| | (17) 優れた伝統の継承と新しい文化の創造に貢献するとともに，日本人としての自覚をもって国を愛し，国家及び社会の形成者として，その発展に努めること。 | **我が国の伝統と文化の尊重，国を愛する態度** |
| (18) 他国の人々や文化について理解し，日本人としての自覚をもって国際親善に努めること。 | (18) 世界の中の日本人としての自覚をもち，他国を尊重し，国際的視野に立って，世界の平和と人類の発展に寄与すること。 | **国際理解，<br>国際貢献** |
| **D　主として生命や自然，崇高なものとの関わりに関すること** | | |
| (19) 生命が多くの生命のつながりの中にあるかけがえのないものであることを理解し，生命を尊重すること。 | (19) 生命の尊さについて，その連続性や有限性なども含めて理解し，かけがえのない生命を尊重すること。 | **生命の尊さ** |
| (20) 自然の偉大さを知り，自然環境を大切にすること。 | (20) 自然の崇高さを知り，自然環境を大切にすることの意義を理解し，進んで自然の愛護に努めること。 | **自然愛護** |
| (21) 美しいものや気高いものに感動する心や人間の力を超えたものに対する畏敬の念をもつこと。 | (21) 美しいものや気高いものに感動する心をもち，人間の力を超えたものに対する畏敬の念を深めること。 | **感動，畏敬の念** |
| (22) よりよく生きようとする人間の強さや気高さを理解し，人間として生きる喜びを感じること。 | (22) 人間には自らの弱さや醜さを克服する強さや気高く生きようとする心があることを理解し，人間として生きることに喜びを見いだすこと。 | **よりよく生きる喜び** |

### (3) 道徳の内容は，子供たちが人間としての在り方や生き方を考えたり，自分自身を振り返ったり，自己を成長させる窓口となるものであり，教師と子供たちが一緒になって追い求めていくもの

「第３　指導計画の作成と内容の取扱い」において，小学校では「児童が自ら道徳性を養う中で，自らを振り返って成長を実感したり，これからの課題や目標を見付けたりすることができるよう工夫すること。その際，道徳性を養うことの意義について，児童自らが考え，理解し，主体的に学習に取り組むことができるようにすること」，中学校では「生徒が自ら道徳性を養う中で，自らを振り返って成長を実感したり，これからの課題や目標を見付けたりすることができるよう工夫すること。その際，道徳性を養うことの意義について，生徒自らが考え，理解し，主体的に学習に取り組むことができるようにすること。また，発達の段階を考慮し，人間としての弱さを認めながら，それを乗り越えてよりよく生きようとすることのよさについて，教師が生徒と共に考える姿勢を大切にすること」と記されています。

ここに，道徳の内容の本質的な意味が集約されていると捉えられます。道徳性は，道徳的諸価値の統合体です。つまり，子供たち自らが道徳性を養うとは，子供たちが基本的な道徳的諸価値が示されている内容項目を主体的に養っていくということです。そして，内容項目を窓口として，自分を振り返ったり，これからの課題や目標を見付けたりしながら，道徳教育の大切さを自分のこととして理解し，主体的に追い求められるようにすることが大切だと述べているのです。

しかし，よりよく生きようとする心は，同時に弱さやもろさをもっています。そのことに正対しながら，教師と子供たちが一緒になって，そこを乗り越え，よりよく生きようとする心を育んでいくのが道徳教育だと示しています。道徳の指導内容は，教師と子供たちが一緒になって追い求める課題なのです。

## 2　各視点の内容と指導のポイント

### (1)　A　主として自分自身に関すること

自分自身との関わりを深める窓口となり，ポイントとなるものとして，六つの道徳的価値を押さえています。「善悪の判断，自律，自由と責任」「正直，誠実」「節度，節制」「向上心，個性の伸長」「希望と勇気，克己心」「真理の探究，創造」です。これらは，大きく「自分を積極的，前向きに捉えること」「自立心・自制心，克己心をもつこと」「希望と勇気をもって，真理（よりよいもの，より本質的なもの）を求め，自分を向上させていこうとすること」とまとめることができます。

「**善悪の判断，自律，自由と責任**」は，よいと判断したことを責任をもって自主的に行える子供たちを育てようとする内容項目です。特に，小学校低学年では，よいことと悪いことの区別がしっかりできるようになること，中学年では，自信をもって行動へと移せること，高学年では，自由と責任を自覚して行動できること，中学校では，自律の精神をもち誠実に実行し結果に責任をもつことを求めています。

「**正直，誠実**」は，明るく清々しい心をもち，いろいろなことに真心を込めて誠実に対応できる子供たちを育てようとする内容項目です。特に，小学校低学年では，素直に伸び伸びと生活できること，中学年では，誤りにも正直に対応し明るい心で生活できること，高学年では，真心をもって明るく誠実に生活できるようになること，中学校では，自律の精神をもち誠実に実行し結果に責任をもつことを求めています。

「**節度，節制**」は，基本的な生活習慣を身に付け自己をコントロールしながら節度と節制のある調和的な生活ができる子供たちを育てようとする内容項目です。特に，小学校低学年では，生活する上で大切なことに気を付けて規則正しい生活ができるようになること，中学年では，自分でできることやしなければならないことを考えながら節度のある生活ができるようになること，高学年では，生活を見直し，節度，節制に心がけて習慣化を図れること，中学校では，生活習慣を確立し調和のある生活をすることができることを求めています。

「**向上心，個性の伸長**」は，自らのよさを伸ばして未来を拓いていける子供たちを育てようとする内容項目です。特に，小学校低学年では，自分についての理解を深めながら自分の特徴に気付くようにすること，中学年では，さらに自分のよい点を伸ばそうと取り組めること，高学年では，長所を伸ばしながら短所を改める中で自己の成長を図れるようになること，中学校では，個性を理解しつつも自己を否定するような捉え方をしがちの時期であることを理解し，それを乗り越え，向上心をもって自己と対峙し，個性をさらに伸ばしていくことを求めています。

「**希望と勇気，克己心**」は，未来を拓いていくために希望と勇気をもつこと，そして自分を常に乗り越えていく克己心を養おうとする内容項目です。特に，小学校低学年では，自分に課せられている仕事や勉強にまじめに取り組もうとすること，中学年では，自分でより高い目標を決め最後までやり抜こうとする心を育てること，高学年では，より広い視野から自分の目標を掲げチャレンジしていくための希望や勇気を育むこと，中学校では，失敗や困難に対峙しながら，自らを向上させていけるようになることを求めています。

「**真理の探究，創造**」は，常によりよいもの，真理となるものを求めて工夫し続ける子供たちを育てようとする内容項目です。小学校高学年から重点的に指導されます。特に，小学校高学年では，様々なものに疑問や探究心をもち追究していく力を育み，中学校では，さらに新しい価値の創造に向かおうとする力を育むことを求めています。

### (2)　B　主として人との関わりに関すること

自分自身を人との関わりにおいて捉え，望ましい人間関係を築くことに関するものです。人との関わりを豊かにするポイントとして，礼儀を身に付け，感謝と報恩の心をもち，お互いを思いやり，信頼し，友情を深め，寛容の精神をもって謙虚に他を受け入れ，自らを成長させようとする子供たちを育てることを目指しています。

**「親切，思いやり」**は，相手を思いやるだけでなく具体的に対応できる子供たちを育てようとする内容項目です。特に，小学校低学年では，人と接するとき笑顔で温かい心の交流ができるようになること，中学年では，相手を思いやりながら相手が望む関わりをもつことができること，高学年では，相手の立場に立って思いやり親切にできること，中学校では，さらに人間愛の精神を育み，感謝を基にした思いやりの心をもって，親切にできることを求めています。

**「感謝，報恩」**は，人間関係のベースであると言えます。感謝は，相手を認めることであり，感謝の念が高まれば，相手を尊敬する心が生まれ，恩に応えていこうとする心も育まれます。特に，小学校低学年では，身近でお世話になっている人々に「ありがとう」が言えること，中学年では，特に高齢者に対して敬意を表し，感謝の心で接することができること，高学年では，自分はいろいろな人々に支えられていることを自覚し，感謝の心をもつとともにそれに応えようとすること，中学校では，さらに人間愛の精神を育み，感謝の心をもつとともに思いやりのある親切な行為ができるようになることを求めています。

**「礼儀」**は，人間関係の基本をわきまえ，真心をもって人と接することができる子供たちを育てようとする内容項目です。特に，小学校低学年では，日常生活において気持ちのよい言葉かけができ明るく接すること，中学年では，さらに心を込めて人々に応対できること，高学年では，時と場をわきまえた応対が適切にできること，中学校では，礼儀の意味を深く理解した上で時と場に応じた適切な言動をとることができることを求めています。

「**友情，信頼**」は，生涯にわたって互いに信頼し友情を深められる子供たちを育てようとする内容項目です。特に，小学校低学年では，友達と助け合って生活できること，中学年では，相互の理解を深め助け合えること，高学年では，相互に学び合いながら友情を深め，男女を含めた人間関係を適切に育むことができるようになること，中学校では，さらにお互いに高め合いながら悩みも共有し乗り越えられる真の友情の育成を求めています。

「**相互理解，寛容，謙虚**」は，多様化が一層進むこれからの社会において人間関係を深めていくために必要となるものです。広い心でお互いを認め合い，謙虚な心で相互に学び合える関係を築くことができる子供たちを育てようとする内容項目です。小学校中学年からの重点的指導となります。特に，中学年では，自分と異なる意見に対しても相手を理解し大切にできること，高学年では，謙虚に相手に学びながら，相互に成長することができること，中学校では，相手に対する理解を深め，さらに謙虚な心で相互に学び合い高め合えるようになることを求めています。

### (3) C 主として集団や社会との関わりに関すること

道徳教育は，社会の中で自立して生きていくことができる子供たちを育てるものです。そのためには，集団や社会と豊かに関われることが大切です。そのポイントとして，規則を守ること，一人一人を大切にしながら社会的対応ができること（「公正，公平，社会正義」），みんなでよりよい集団や社会をつくっていこうとする「勤労，公共の精神」をもち，それぞれが属する家族や学校，地域，国，世界との関わりが豊かにもてるような子供たちの育成を求めています。集団や社会に対する愛が閉鎖的なものになったり，優越感や劣等感をもったりすることのないように留意し，友好を深め，関わりを通して互いを豊かにしていこうとする心を養うことが大切です。

「**規則の尊重，権利と義務，公徳心**」は，社会的自立の基本として規則やきまりを尊重し，自らの権利と義務を果たし，公共のものを大切にする子供たちを育てようとする内容項目です。特に，小学校低学年では，みんなが共同で使うものを大切に扱い互いに気持ちよく過ごすことができること，中学年では，約束やきまりの意味や必要性を理解し主体的にそれらを守っていこうとすること，高学年では，法やきまりを守り，自他の権利をともに尊重し，集団や社会の一員としての義務を果たそうとすること，中学校では，さらに自らの行動を通して安定した魅力的で心豊かな集団や社会の実現に貢献できるようになることを求めています。

「**公正，公平，社会正義**」は，一人一人がかけがえのない人間として尊重され，自分らしく生きることができるための公正，公平で社会正義観をしっかりもった子供たちを育てようとする内容項目です。特に，小学校低学年では，明るく伸び伸びと周囲の人たちと接すること，中学年では，誰に対しても公正，公平な態度で接すること，高学年では，差別や偏見の心をもたず，人や社会の正しい在り方を考え，その実現のために行動しようとすること，中学校では，正義や公正さとは何かということについて考えを深め，よりよい社会づくりに向けて積極的に寄与していこうとすることを求めています。

「**勤労，公共心，社会参画**」は，社会や集団の一員として自分を生かす職業に就き，積極的に社会と関わり，よりよい社会を創造していく力を身に付けた子供たちを育てようとする内容項目です。特に，小学校低学年では，働くことのよさを知り，みんなのために行動しようとすること，中学年では，働くことの意味や必要性を知り，より積極的にみんなのために働こうとすること，高学年では，勤労と奉仕の心をもち公共の役に立つことをしようとすること，中学校では，社会参画と社会連帯，公共の精神をもってよりよい社会を目指すとともに自らの将来の生き方を考え，勤労による社会貢献をしようとする心を育て，追い求めていけるようにすることを求めています。

「**家族愛，家庭生活の充実**」は，生活の基盤としての家庭を見直し，主体的に家庭をよりよくしていこうとする子供たちを育てる内容項目です。特に，小学校低学年では，家族を敬愛し，お手伝いなどを通して家族の役に立とうとすること，中学年では，積極的に家族みんなと協力し楽しい家庭をつくろうとすること，高学年では，さらに視野を広げて「家族の幸せ」を追求し進んで役に立とうとすること，中学校では，家族の一員としての自覚をもって充実した家庭生活を築いていこうとすることを求めています。

「**愛校心，集団生活の充実**」は，日々生活する学校が心の支えとなるように愛校心を育み，学校生活をよりよくするために行動できる子供たちを育てようとする内容項目です。特に，小学校低学年では，先生に親しみ，自分が属する学校や学級の生活を楽しくしようと工夫すること，中学年では，先生や学校に関わる人たちへの敬愛の念を深め，みんなで力を合わせて学校や学級をよりよくしていこうとすること，高学年では，愛校心を深め，自らの役割を理解し学校生活の充実に努めること，中学校では，みんなで校風をつくり，役割と責任を自覚し，学校生活を充実させ発展に努められるようになることを求めています。

「**伝統と文化，国と郷土を愛する心**」は，私たちの生活が脈々と受け継がれてきた伝統と文化に支えられていること，国や郷土の人々や自然との関わりの中で成長していることを自覚し，それらと主体的に関わっていくことができる子供たちを育てようとする内容項目です。特に，小学校低学年では，国や郷土の文化や生活に愛着をもつこと，中学年では，伝統と文化を大切にし，国や郷土を愛する心をもつこと，高学年では，先人の努力に触れ，その理解を基に国や郷土への思いをより深めること，中学校では，郷土愛を深めて進んで郷土の発展に努めようとするとともに，国を愛し，よい伝統や文化の継承発展に努めようとする心を育み関わっていけるようになることを求めています。

「**国際理解，国際親善・国際貢献**」は，我が国の特徴やよさを理解するだけではなく，そのことを他国の人々とも交流し，ともに平和な社会をつくっていくために貢献する子供たちを育てようとする内容項目です。特に，小学校低学年では，他国の人々や文化に触れて親しむこと，中学年では，他国の人々や文化に親しみ関心を深めること，高学年では，日本国民としての自覚をもって国際親善に努めること，中学校では，さらに広く国際的な視野に立ち，他国を尊重し，主体的に世界の平和と人類の発展に寄与しようとする心を育て関われるようにすることを求めています。

### (4)　D　主として生命や自然，崇高なものとの関わりに関すること

私たちは，かけがえのない生命を自覚し，様々な美しいもの，気高いもの，崇高なものの中で生活し，自己の心を豊かにしています。それらとの関わりを深めることによって，自らの心を磨き，自分自身との関わり，人との関わり，集団や社会との関わりをより豊かにしていくことができます。崇高なものの根源に命の尊さ，よりよく生きようとする良心を位置付け，それらを自然の雄大さ，様々な場で味わう感動や畏敬の念と関わらせて，自らを見つめ，よりよい生き方を追い求めようとする子供たちを育てることを目指しています。

「**生命の尊さ**」は，36億年をかけた様々な生命との関わりを通して一つ一つの生命が今あることを自覚し，かけがえのない生命を大切にし，輝かせていく子供たちを育てようとする内容項目です。特に，小学校低学年では，生きることのすばらしさを感じ取り，生命を大切にすること，中学年では，生命の尊さへの実感を基に生命ある様々なものを大切にすること，高学年では，生命と生命のつながりを深く理解し生命を尊重すること，中学校では，生命は限りあるものであるにもかかわらず生命が紡がれていくことの尊さを理解し全ての生命を尊重することを求めています。

「**自然愛護，環境保全**」は，脈々と生き続けている自然の中でともに生活することで豊かな心が育成されることを自覚し，それらを愛(め)で，育て，保全していく子供たちを育てようとする内容項目です。特に，小学校低学年では，身近な自然に親しみ，動植物に優しい心で接すること，中学年では，自然の特徴を感じ取り自然を大切にすること，高学年では，自然の偉大さを知り自然環境を大切にすること，中学校では，自然の崇高さを理解し進んで自然愛護に努めることを求めています。

「**感動，畏敬の念**」は，生きる喜びの根源は感動にあると捉えます。感動が深ければ深いほどより心に残り，自分自身の奥底にあるものを覚醒していきます。そこに畏敬の念が育まれる，と言えます。そのような体験と心を育む子供たちを育てようとする内容項目です。特に，小学校低学年では，身の回りにある美しいものに触れ清々しい心をもつこと，中学年では，美しいものや気高いものに感動する心をもつこと，高学年では，美への感動や人間の力を超えたものに対する畏敬の念をもつこと，中学校では，美への感動や人間の力を超えたもの（人間には到底できない理想とするもの）に対する畏敬の念を深めることを求めています。

「**よりよく生きる喜び**」は，人間の弱さやもろさに向き合い，自分の中にあるよりよく生きようとする心に気付き，それを追い求めることの崇高さを自覚できる子供たちを育てようとする内容項目です。小学校高学年から重点的に指導されます。特に，高学年では，よりよく生きようとする人間の強さや気高さを理解し，生きることの喜びを実感すること，中学校では，心の内にある弱さや醜さをも乗り越えていける強さや気高さをもっていることを強く確信し，自らもそうあろうと努め，人間として自分らしく生きることに喜びを見いだし，一人一人が真の自尊感情を育んでいくことを求めています。

# 第３節
# 評価を読み解く

**Q** 「特別の教科　道徳」における評価のポイントを教えてください。

文部科学省の通達では，「特別の教科　道徳」の評価については点数評価は行わず，「個人内評価で学習の状況や道徳性において成長したところを文章で示し，子供たちを勇気づける評価」をしましょうと示されています。このことは，従来の評価観を180度転換するものなのです。

## 1　評価観の180度の転換

今までの各教科の評価は，いろいろな要素を含めて行われますが，基本的には，教師が指導したことを子供たちがどれだけ理解しているか，どれだけ自分のものとして学んでいるか，を評価することになります。

「特別の教科　道徳」で求める評価は，そうではないのです。子供たち一人一人，みんなそれぞれよりよく生きようとする心をもっています。これが大前提になります。

つまり，本来もっているよりよく生きようとする心をどのように目覚めさせ，どのようにそれを自分らしく成長させているか，伸ばしているか。そこをしっかりと観て評価しましょうというのです。

つまり，指導したことをどれだけ身に付けたかではなく，本来もっているよりよく生きようとする心を，どれだけその子らしく伸ばしているかを観るのです。そのことにおいては，一人一人に差はないのです。もちろん内容的には差はありますが，こちらが上，こちらが下ということはないのです。それぞれに同等価値があるのです。

## 2　子供自身の自己評価，自己指導の一体化

評価において求められるのは，評価と指導の一体化です。一般的には，教師が指導したことに対して，それがどうであったかを，子供の姿で評価する。そして，それを基に教師が指導の工夫，改善をしていく，ということになります。

もちろん，道徳の授業においても，教師が子供たちの姿で自己評価をしながら，自分の授業を改善させていくことを大切にしなければなりません。

しかし，道徳教育において一番大切なことは，子供自身が自分をどのように見つめて，どのように自分の成長を実感しながら，さらに課題意識をもって，それにどう取り組んでいくかです。つまり，子供たち自身の自己評価，自己指導こそが，一番のポイントになります。そういう視点から評価を考えていくのです。

実はこういう評価は，現在の道徳の授業においても行われています。子供たちがワークシートなどにいろいろ書いてくれます。それに対して，先生方は，それをしっかり読みながら，「こういうところ，よく見つかったね」とか「いいぞいいぞ」とか，励ましの言葉をそこに書かれます。それが評価です。そのことを積み重ねることを通して，通知表などに示す評価文を考えるのです。

そのときに，子供自身が自己評価することが大切です。授業を通して，新しく発見できたことは何か。自己の成長，自己の課題を見つけられたか。そういう自己評価ができる用紙を考えることも必要です。

自己評価においては，指導内容の全体を子供たちが意識することが求められます。教科書には，道徳の内容の一覧が子供たちに分かりやすい形で示されます。トータルとしての自分の内面的育ちを意識しながら，自己評価，自己指導へとつなげていける学習は，他の教科等ではできない「特別の教科　道徳」の特質でもあります。

## 3　具体的にどのように評価に取り組めばよいのか

様々な評価方法を考える必要がありますが，ここでは八つのポイントを挙げておきます。個人個人の実態把握だけでなく，学級全体における実態把握を併せて行い，それらを関わらせて授業と評価を考えていくことが求められます。

### (1)　本時のねらいに関わる子供たちの実態と学級の実態を把握する

実態把握においては，ねらいに関わる認識や気付き，判断や心もち，実践の程度などを基に探っていくことになります。ねらいに関わるこのクラス全体の状況も把握しておく必要があります（判断力，心情，意欲・態度，行動にわたって把握することが望まれます)。そして，クラスの状態と一人一人の実態把握との関係についても押さえておきたいです。

### (2)　実態把握から子供たちとクラスの課題を見いだす

特に気になる子供に対して，課題を探っておく必要があります。さらに，クラスの実態からクラスの課題を把握しておくことも大切です。子供の課題とクラスの課題との関連について押さえておくのです。

### (3)　本時のねらいに関わって，一人一人のよさを見つけていく

具体的な事例で押さえ，メモしておく。よさを見つけにくい子については，見つけ出せるであろう視点を探しておくことが必要です。クラス全体で感じたねらいに関わるよかったことを簡単にメモしておくことも重要です。

### (4)　授業においては，一人一人の発言からねらいに関わるよさ（考える内容や考え方，心の動きや感じ方，実践や解決への態度・意欲などを中心に）を引き出せるように授業を展開していく

実態把握や課題としてメモしていたことを，うまく関わらせて問いかけていくようにします（意図的指名も工夫）。特定の子に，その子のよさを引き出すための問いかけを工夫することも大切です。また，ねらいに関わらせて「このクラスのよさは何だろう」と問いかけることもあっていいです。クラスのよさを聞く場合には，そのよさをさらに伸ばすためには，どんな課題があるだろうと問いかけることもあってよいです。終末に投げかけて，学級活動へとつなぐこともできます。そこでまた，個人目標も考えるようにすると，道徳の授業と学級活動がうまくつながっていきます。

### (5)　授業で記述するノートやワークシートを工夫する

今日の授業で気付いたこと，新しく発見したこと，確認できたこと，納得できたことなどを子供たちが自己評価して書けるようにしておきます。今日の授業の態度についても聞くようにします（しっかり考えましたか，思っていることを発表できましたか，友達の意見をよく聞きましたか，心に残った言葉はありましたか，それはどのようなことですかなど。選択肢は４択で聞くとよいでしょう）。

### (6)　それらを基に今日の授業で見いだしたねらいに関わる一人一人のよさをメモしてみる

それらをメモしながら，さらにどのように授業を展開すればよさを引き出せるかを考えます（毎回全員は難しいので，授業ごとに数人を重点的にメモすることでもよいです）。メモしたものを学年で見せ合い検討するようにします。時には交換授業を行い，一人一人のよさの記述を検討するのです。このような，よさをメモしたノート記述を，毎回積み重ねていきます。特に顕著なよさを見いだした子に対しては，その授業の欄に二重丸を付けて記入する，などの工夫をするとよ

いと思います。

### (7)　学期の終わりに，その期の道徳の授業をリストアップして心に残っている授業ベスト３を理由とともに挙げてもらう

そこに挙げられていることを参考に，自分が毎回メモしているノートと照らし合わせて，その子の伸びたところを書き出し，通知表に記述する文章を考えます。

また，子供たち自身に「特別の教科　道徳」の授業を通して自分が成長したと思えることを書いてもらうこともいいと思います。その場合，ポイントを絞って，項目的に，例えば自分のことを深く考えることについて，相手の意見をしっかり聞くことについて，道徳的価値の大切さの理解について，自分の将来の生き方について，日々の生活と関わらせて考えることについて，などを挙げ，それぞれに四段階評価をしてもらい，理由を書いてもらうといった方法も考えられます。

子供たちに行う評価表に，クラスの評価欄も設けて，その学期に学習した内容から見てクラスが特によくなったものを三つくらい挙げてもらうことも行いたいです。

### (8)　それらの資料を基に次の学期の改善策を考える

一人一人に対してと，クラス全体に対して，改善策を考えるようにします。学年全体，学校全体で協議する場を設ける必要があります。

なお，これらを踏まえて学校教育全体の評価を行う必要があります。例えば，押谷由夫監修『道徳教育アセスメント　BEING』（図書文化社，2018）等が活用できます。

# 第3章

# 考え，対話する<br>「特別の教科　道徳」の<br>学習指導のポイントを読み解く

## 第１節
## 「内容の指導における配慮事項」を読み解く

**Q**　指導体制の充実，道徳科の特質を生かした指導，児童が主体的に道徳性を育むための指導などを進めるに当たり配慮すべきポイントを教えてください。

文部科学省では，「考え，議論する道徳」というキャッチフレーズで新しい道徳授業を推進しています。これは大きな改善点です。今までの道徳の授業は，豊かな心を一人一人の内面に貯めていくことを重視していく傾向がありました。それは大変重要ですが，それらをもっとみんなと話し合いながら磨き合っていく，そして実践へとつなげていくことが求められます。自分らしい意見をどんどん出していっていいんだという意識改革を行う上で，議論するというのは非常に大きな役割を果たします。

しかし，道徳の本質から考えるならば，議論するということを通して，対話を深めていくことにならなくてはいけません。

考えるということは，大前提です。さらに，感じるということも大前提です。感じる，心を通わすというのは，共感するということです。

共感しながら，「そういう心はどうして起こってくるのか」，あるいは，「どうすれば，この心をもっと具体的に行動に移していけるのか」など，いろいろと考えることをそこに加えることによって，感じたことが自分自身の生き方へとつながっていきます。

共感と思考は，道徳の授業の二つの大きな柱です。考えを深めるとは，対話をするということです。その対話は，人との対話だけではなく，いろいろな対象との対話があります。一番基本になるのは自分自身との対話です。そこへと結び付けることによって，自分の生き方について，しっかり考えられるようになります。

いろいろと議論をする。そして，価値の意識を深めていく。状況判断をまた深めていく。そのことを通して，今まで気付かなかったことに気付いていきます。それは価値の理解を深めていくと考えられますが，そういう視点から自分をしっかり見つめて，自分がそういう状況の中にいた場合どうするかという判断や，そこから自分はどう行動するかなどを話し合っていく必要があります。

「対話」というのは，道徳教育の最も大きなキー・ワードです。道徳の内容に示されている関わりも，結局は対話です。自分自身との対話，人との対話，集団や社会との対話，そして生命や自然，崇高なものとの対話を通して，自分をしっかり見つめながら，自己評価し，また自己課題を見いだし，自己指導へとつなげていくのです。

本節では，「第３章　特別の教科　道徳」の「第３　指導計画の作成と内容の取扱い」で，「第２の内容の指導に当たっては，次の事項に配慮するものとする」と示されている七項目について読み解いていきます。

(1)　学級担任の教師が行うことを原則とするが，校長や教頭などの参加，他の教師との協力的な指導などについて工夫し，道徳教育推進教師を中心とした指導体制を充実すること。

校長や教頭などの参加を明記している教科等は，「特別の教科　道徳」以外にありません。その理由は繰り返しになりますが，道徳教育が学校教育の中核であり，その要である「特別の教科　道徳」は，校長や教頭が積極的に関わる必要があるということです。

また，道徳教育は学校教育全体で取り組むものであり，その要である「特別の教科　道徳」は，学校の教職員全員が関われるようにすることが大切です。養護教諭や栄養教諭，スクールカウンセラー，学校司書，事務の職員の方々など，子供たちに関わる教職員全員が意見を出したり，授業のアイデアを出したり，教材づくりの手伝いをしたり，授業に参加したりするなどの協力体制をつくる必要があります。

そのためにも，学校には道徳教育を中心となって進める道徳教育部のような組織が必要です。どの学校にも，教務部（学習指導部）のような組織と生徒指導部のような組織があります。それらと関わらせながら道徳教育部をつくることで，学校の道徳教育指導体制が充実していきます。例えば，学年ごとの代表，教務部の代表，生徒指導部の代表，学校家庭連携の代表，特別活動主任，総合的な学習の主任，「特別の教科　道徳」の授業担当の道徳主任などで構成することもできます。

その組織のリーダーが道徳教育推進教師です。学校には，道徳教育推進教師と「特別の教科　道徳」の授業を主に担当する道徳主任を両方置くこともできます。例えば推進教師をベテランの先生にお願いし，道徳主任を若手の先生にお願いすることもできます。そのことによって学校の道徳教育が一層活気付くと考えられます。

(2)　道徳科が学校の教育活動全体を通じて行う道徳教育の要としての役割を果たすことができるよう，計画的・発展的な指導を行うこと。特に，各教科，総合的な学習の時間及び特別活動における道徳教育としては取り扱う機会が十分でない内容項目に関わる指導を補うことや，生徒や学校の実態等を踏まえて指導をより一層深めること，内容項目の相互の関連を捉え直したり発展させたりすることに留意すること。

ここには学校における道徳教育の構造が示されています。つまり，道徳教育は全教育活動を通して行われるものであり，その要として「特

別の教科　道徳」があるのです。「特別の教科　道徳」の指導は，他の様々な教育活動と関わらせて成り立つ教科だということです。

では，要としての役割はどのようなものでしょうか。「特別の教科　道徳」が各教科における道徳教育と同じことをしていては要にはなりません。各教科等で行われる道徳教育を発展的に指導することが必要です。その発展的というのが，例えば，他の教科等で十分な指導ができない内容を補ったり，さらに深めていきたい内容を深めたり，関連をもたせて統合を図っていったりすることとなります。それは道徳授業においては，事前に各教育活動や日常生活において子供たちが育んでいる，ねらいに関わる実態を押さえながら計画し，授業の後も各教科等や日常生活における学びへとつながるような指導を求めているのです。

(3)　生徒が自ら道徳性を養う中で，自らを振り返って成長を実感したり，これからの課題や目標を見付けたりすることができるよう工夫すること。その際，道徳性を養うことの意義について，生徒自らが考え，理解し，主体的に学習に取り組むことができるようにすること。また，発達の段階を考慮し，人間としての弱さを認めながら，それを乗り越えてよりよく生きようとすることのよさについて，教師が生徒と共に考える姿勢を大切にすること。

道徳性とは，基本的には子供たちが自ら感じ，考え，判断し，行動へと移しながら，子供たち自らが成長させていくものであり，その支援をするのが学校における道徳教育です。そのためには，子供たちが自らの道徳的成長や学んでいることについてしっかりと振り返ったり見つめたりすることが必要です。その中で成長している部分を実感するとともに，自分の中にある課題を見いだし，それを追い求めていこうとする心を育てていくことが求められます。そのためには，子供たちが自らを見つめたり，振り返ったりするための媒体が必要になります。それが「道徳ノート」だと言えます。

ここで求めているのは，まずは子供たち自らが，自己を評価し，自己課題を見いだし，さらにそれを追い求めながら（自己指導），自己成長していけるようになることをねらって，日々の授業が行われていくということを確認することです。

したがって，道徳の授業においては，子供たちに寄り添いながら，子供たちの心と対話しつつ，思いを引き出し，展開していくことが求められるのです。

(4)　生徒が多様な感じ方や考え方に接する中で，考えを深め，判断し，表現する力などを育むことができるよう，自分の考えを基に討論したり書いたりするなどの言語活動を充実すること。その際，様々な価値観について多面的・多角的な視点から振り返って考える機会を設けるとともに，生徒が多様な見方や考え方に接しながら，更に新しい見方や考え方を生み出していくことができるよう留意すること。

「特別の教科　道徳」においては，子供たちが自らの考えや道徳的な見方を発展させていくことを目指しています。それは，友達との話合いや様々な教材に接することによって，より活性化されます。また，「特別の教科　道徳」で耕される内面的な道徳的判断力や心情，意欲・態度は，事後においていろいろな場面で応用されていくものでなければなりません。そのためには，授業の中で取り上げる道徳的な事象や状況に対して，様々な立場から考えを深め，自分ならどうするかといったことについて学ぶことが大事です。そのような一連の教育活動は，言語活動を通して行われます。したがって，人との対話，教材との対話，自分自身との対話を総合した言語活動が，道徳の授業には求められます。

これからの授業においては，「主体的・対話的で深い学び」を目指していくことになります。道徳の授業においては，自分のこととして考えながら事象を捉えること，さらに，友達と話し合ったり自分との対話を深めたりしながら，より深い学びへと導かれるように工夫するのです。より深い学びは，自己との対話を深め，今まで気付かなかった自分や考え方等に気付き，それを事後において追い求めようとする心の動きを起こさせ，事後のさらなる学びへとつなげていくことによって可能になると言えます。

(5) 生徒の発達の段階や特性等を考慮し，指導のねらいに即して，問題解決的な学習，道徳的行為に関する体験的な学習等を適切に取り入れるなど，指導方法を工夫すること。その際，それらの活動を通じて学んだ内容の意義などについて考えることができるようにすること。また，特別活動等における多様な実践活動や体験活動も道徳科の授業に生かすようにすること。

道徳の授業を充実させるポイントとして，①発達段階を考慮すること，②問題解決力を身に付けること，③学んだことを実際の生活へとつなげること，が挙げられます。詳しくは後述しますが，ここに「特別活動等における多様な実践活動や体験活動も道徳科の授業に生かす」と書かれていますが，それは一言で言えば，豊かな体験と内面を耕す道徳の授業とを響き合わせることです。特別活動は，望ましい集団活動を通して内面を育てていきますし，総合的な学習の時間においては子供たちが主体的に探究的な学びを深めることが目指されます。道徳の授業は，週に１時間ですが，そこを媒介として，特別活動や総合的な学習の時間，あるいは他教科における豊かな学びへとつながっていくことが求められます。

(6)　生徒の発達の段階や特性等を考慮し，第2に示す内容との関連を踏まえつつ，情報モラルに関する指導を充実すること。また，例えば，科学技術の発展と生命倫理との関係や社会の持続可能な発展などの現代的な課題の取扱いにも留意し，身近な社会的課題を自分との関係において考え，その解決に向けて取り組もうとする意欲や態度を育てるよう努めること。なお，多様な見方や考え方のできる事柄について，特定の見方や考え方に偏った指導を行うことのないようにすること。

今日，様々な社会的課題，学校課題，個人的課題が押し寄せてきています。それらは，いずれも子供たちがこれからの社会をいかに生きるかに関わる課題です。そのような課題を，子供たちが自らの特質を生かし，どう生きるかに関わる課題と捉えるならば，道徳教育の重点課題として取り組むことができます。そのことによって，様々な課題が子供たちの中において，将来をよりよく生きるというところに統合されていくと考えられます。

そのような視点から，「特別の教科　道徳」を要として関連する様々な教育活動や日常生活と関連をもたせて長期的に計画的な指導を行うことが求められます。総合単元的な指導計画を具体化することによって，これからの社会を乗り切り，かつ自己の成長を促していける教育が可能となると言えます。

なお，ここでは特に情報モラルについての指導を求めています。情報モラルは，情報社会における留意事項的な指導が行われることが多いです。それは大切な部分として押さえた上で，道徳教育で取り上げる場合は，未曾有の可能性を秘めた情報化社会において，自分らしい生き方をどのように拓いていくかについてしっかりと考えられるようにしていくことが大切です。

(7) 道徳科の授業を公開したり，授業の実施や地域教材の開発や活用などに家庭や地域の人々，各分野の専門家等の積極的な参加や協力を得たりするなど，家庭や地域社会との共通理解を深め，相互の連携を図ること。

道徳教育は，様々な人々の協力を得ることで，より大きな教育効果が期待されます。その要である「特別の教科 道徳」においては年間を通して，地域の人々や保護者，専門家や専門機関とともに教職員全員が関わりながら授業を計画し，展開していくことが大切です。授業で扱われる教材もグローバルな視点から考えると同時に，地域的課題や学校的課題，個人的課題などにも配慮する必要があります。それらの指導において，適宜，地域の人々や保護者，専門家や専門機関などに協力をいただき授業を充実させ，事後も発展的に学んでいくことができるように工夫することが求められます。そのことによって，「特別の教科 道徳」が「チーム学校」の先導役を果たすことができます。

## 第２節
# 道徳教育推進教師に特に期待される取組

**Q** 道徳教育推進教師の役割や期待される校内での取組について教えてください。

第１章　総　則

第６　道徳教育に関する配慮事項

道徳教育を進めるに当たっては，道徳教育の特質を踏まえ，前項までに示す事項に加え，次の事項に配慮するものとする。

１　各学校においては，第１の２の⑵に示す道徳教育の目標を踏まえ，道徳教育の全体計画を作成し，校長の方針の下に，道徳教育の推進を主に担当する教師（以下「道徳教育推進教師」という。）を中心に，全教師が協力して道徳教育を展開すること。なお，道徳教育の全体計画の作成に当たっては，生徒や学校，地域の実態を考慮して，学校の道徳教育の重点目標を設定するとともに，道徳科の指導方針，第３章特別の教科道徳の第２に示す内容との関連を踏まえた各教科，総合的な学習の時間及び特別活動における指導の内容及び時期並びに家庭や地域社会との連携の方法を示すこと。

第３章　特別の教科　道徳

第３　指導計画の作成と内容の取扱い

２　第２の内容の指導に当たっては，次の事項に配慮するものとする。

(1)　学級担任の教師が行うことを原則とするが，校長や教頭などの参加，他の教師との協力的な指導などについて工夫し，道徳教育推進教師を中心とした指導体制を充実すること。

道徳教育推進教師は，学校の道徳教育を充実させていく上で，リーダーの役割を担うものです。道徳教育は，学校教育全体で取り組むものであること，その要として「特別の教科　道徳」が設置されていること，家庭や地域社会と連携して大きな成果が期待できること，等を踏まえて充実策を考えなければなりません。それは大変なことです。だからこそ，協力体制が必要なのです。特に求められることとして次のことがあります。

## 1　研修計画の作成

まず，しっかりとした研修計画をつくることです。授業公開を基にした研修はもちろんですが，全体計画や年間指導計画，評価に関する研修も位置付けておく必要があります。

また，研修会の在り方についても決めておくことが大切です。よく行われる方法に，授業研修の場合は，事前に観察のポイントを決めておく。それに関わって気付いたことを付箋に書き，模造紙に貼っていく。それを基にして議論をしていく。というものです。

そして，記録を残していくことも大切です。授業者は研究会の内容を踏まえて再度学習指導案をつくり，記録と一緒に残していくことも考えられます。そのことによって，より実りある研修になっていきます。

## 2　道徳教育が学校全体で取り組まれるための提案を行う

みんなと協力して道徳教育に取り組んでいくには，みんなで取り組める事柄に対して積極的に提案していくことが大切です。

### ①　学校，学級の環境整備に関する提案

玄関に道徳教育目標を貼る，廊下に道徳コーナーを設ける，教室にも道徳コーナーを設ける，毎朝黒板に道徳的な名言や励ましの言葉を書いておく，毎回の道徳の授業のねらいと教材と中心場面の挿絵を短冊に書いて貼っていくなど，様々な方法が考えられます。

### ②　道徳ノートづくりの提案

これからの道徳教育は，繰り返しになりますが，子供たち一人一人が自己の成長を実感し自己課題を見いだし取り組んでいけるように支援していくことが不可欠になります。その大きな役割を果たすのが道徳ノートです。「特別の教科　道徳」の授業で使用するのみならず，事前や事後の学習で，気付いたこと，考えたこと，取り組んだことなども記入できるようにすることが求められます。それをどのような形式にするのか，また，どのように記入するように指導するのか，さらにどのように点検していくのか，といったことも話し合う必要があります。

### ③　授業づくりについての冊子づくりの提案

また，先生方が一番悩んでおられるのは，「特別の教科　道徳」の授業をどのように行えばよいのかについてです。その理由は多くありますが，基本的には道徳について十分に習っていないことが挙げられます。大学でも２単位（１単位）分しか学んでいない先生がほとんどです。現状では，教師になって一から学ぶという先生も多いと考えられます。つまり，学校現場で研修を充実させないことには，道徳の授業に自信がもてないのです。

そこで，道徳教育推進教師は，道徳の授業研修を計画するだけではなく，基本的なポイントをまとめた冊子をつくろうと提案することが求められます。そのことによって，研修にも身が入ってきますし，日々の授業が充実してきます。

その際，板書計画との関わりで取り組んでいくと，効果的です。授業の全体をイメージしながらポイントを押さえた授業をつくることができます。

### ④　教材の確保，開発，整備に関する提案

これからの道徳の授業では，教科書が使われますが，同時に郷土資料や学校独自の資料などを開発して一緒に使っていくことが大切です。道徳教育は，子供たちの日々の生活や学習と関わらせて取り組んでいくものだからです。郷土資料や学校独自の資料の開発，各時間に使う挿絵や教具を協力して作成し，共有化する。それらの保管場所を確保する。といったことを積極的に提案していく必要があります。

### ⑤　教科における道徳教育研究の提案

ほとんどの教師は，それぞれに専門の教科をもっています。その専門の教科と関わらせて道徳教育を考えることは，一番興味をもたれることでもあります。各教科の学習は，必ずよりよい人間形成とよりよい社会づくりに関わります。この学習を通して，それらにどのように役立つのかという視点から，各教科の教材研究や授業づくりを考えることによって教科の本質がよく見えてきますし，道徳教育そのものの理解も深まっていきます。

### ⑥　豊かな体験の充実と総合単元的な指導の提案

道徳教育で一番大切なことは，心で感じることです。それが豊かな体験ということになります。道徳的な事象や状況に対して，深く感じ，考え，主体的に対応していくことによって，人間としての成長が図られます。重点的な目標や社会的課題，学校や学級が抱える課題等について，１～２か月くらいを単位として，道徳の授業と関連する教育活

動とを密接に関わらせた指導について提案することも求められます。

### ⑦　困っている教師への援助の提案

特に道徳教育からの対応が求められるのは，困っている教師に対するサポートです。学級経営がうまくいっていない教師は，子供たちと心の交流ができていない場合が多いです。そこに着目し，道徳の授業を中心として改善を図っていくのです。例えば，今年のテーマとして道徳教育と学級経営の関連について研究しましょう，などと提案する。そして，いくつかの学級を重点研究学級として，そのクラスも含めるようにする。そのことで，みんなで応援することができます。

### ⑧　図書館の充実への提案

子供たちの道徳学習を刺激するには，読書指導を欠かすことができません。取り組みたいのが，図書館の活用です。各教科等においては，図書館を利用した学習を積極的に取り入れています。「特別の教科　道徳」の道徳学習においても，図書館を積極的に利用するように働きかけていく必要があります。

例えば，道徳の教科書と関わりのある本を整備し，道徳コーナーを設ける。伝記物や道徳教育に関する図書の紹介を行う。道徳の授業も時には図書館を使って行う，といったことも提案することができます。

### ⑨　PTA活動や地域での活動への提案

保護者や地域の人々に，いかに道徳教育に興味をもってもらえるようにするかも大きな課題です。まず，学校で取り組む道徳教育について，保護者や地域の人々にいかに広報していくかです。その中で，PTA活動や地域の人々の活動についても紹介していく必要があります。そのことによって，より興味をもって広報誌を見てくれますし，自分も参加したいという気持ちを高めてくれます。

そして，魅力的な活動を企画する必要があります。企画を提案することもする必要がありますが，企画を考えましょうと提案することも重要です。保護者や地域の人々が主役になって道徳的なことを学び，取り組んでいけるように働きかけていくのです。基本は，保護者や地域の人々が主体的に楽しみながら取り組んでくれることです。そのための活動を，一緒に考えていくことが大切です。

**⑩　幼稚園，小学校，中学校との連携**

「チーム学校」を実現するためにも，近接の幼児教育機関や学校，教育の専門機関や専門家との連携が不可欠です，そのことに関して具体的な課題を設けて研修会を行うことが重要です。近接の学校や専門機関，専門家等との交渉は，校長や教頭に任せるとして，具体的な取組等についてはリーダーシップを発揮する必要があります。「特別の教科　道徳」の交換授業を行う，道徳性の育成を重視した合同の体験活動を行う，地域主体で道徳教育フェスティバルのようなものを企画する，といったことなどを積極的に提案していく役割も，道徳教育推進教師に課されていると考えられます。

## 第３節
# 学習指導要領が期待する「特別の教科　道徳」の学習指導過程を読み解く

**Q**　「特別の教科　道徳」の特質を生かした学習指導過程の工夫とは具体的にどのようなものですか。ポイントを教えてください。

「中学校学習指導要領解説　特別の教科　道徳編」においては，学習指導過程について，以下のように記されています。これを踏まえ，以下に授業を充実させるためのポイントを示していきます。

> 第４章第２節２(1)イ
>
> (エ)　学習指導過程を構想する
>
> ねらい，生徒の実態，教材の内容などを基に，授業全体の展開について考える。その際，生徒がどのように感じたり考えたりするのかどのような問題意識をもって学習に臨み，ねらいとする道徳的価値を理解し，自己を見つめ，多様な感じ方や考え方によって学び合うことができるのかを具体的に予想しながら，生徒が道徳的価値との関わりや，生徒同士，生徒と教師との議論の中で人間の真実やよりよく生きる意味について考えを深めることができるよう，それらが効果的になされるための授業全体の展開を構想する。

## 1　「特別の教科　道徳」の授業を充実させるための基本的押さえ

### (1)　授業を充実させるための留意点

「特別の教科　道徳」の授業を充実させるための留意点として，まず，子供たちがどうすれば集中してくれるかを考えることです。道徳の授業は，知識や技能を教えるのが主ではありません。教材が提供する道徳的事象や道徳的状況に子供たちが興味をもつ。そして，主体的に考えてくれることによって，授業が成り立つのです。

つまり，みんなで話し合おうとする事柄や事象に興味関心をもってくれる，そして集中してくれる。そのことが実感できれば，八割方，子供たちの道徳性の育成が図られていると考えてよいと思います。

そのためには，何が大切かというと，子供の立場で，自分がこの授業を受けるのであれば，どうすれば楽しめるかを考えるのです。やはり楽しむということを考えないと，道徳の授業が苦痛になります。

もちろん，深刻なことを話し合ったりもするわけですから，楽しいばかりではありませんが，そこには心のゆとりが必要です。心のゆとりは，その場を楽しもうとするところから生まれます。それはおもしろいことを言うということではなく，「こういうことも分かってきた，へぇー」などと，わくわく感をもちながら，話合いを深めていくことです。

教師自身が「この資料を通して，自分はどういうところを学んでいけるのだろうか」「どういうところを話し合ったら，もっと興味をもてるだろうか」「それをみんなと一緒に話し合ってみよう」という形で，主体的に教材研究をしてほしいのです。

さらに，１時間だけの授業で終わるのではなく，授業後の取組も考えます。授業で気になる子供がいたら，事後に話しかけるのです。授業を通して子供たちを指導していくというのは，限界があります。そこで，今日の授業中悩んでいると感じた子供，あるいは乗ってこなかった子供に注目する。その子は，何か違う意識をもっているわけですから，個別に対応していくことによって，内面がよく分かるようになります。そして，その子の課題も見えてきます。

### (2)　授業を充実させる指導過程の評価を押さえる

次に，大切なことは，授業を充実させる指導過程の評価について，しっかり押さえておくことです。

道徳の評価への関心の多くは，子供たち一人一人の評価を通知表にどう書くかということにあります。しかし，あまり一人一人の評価ということを授業の中で考えていると，教師が意図した一時間の授業をうまく進められないこともあります。

一つの流れの中で授業をしていくことが大切です。導入，展開，終末において，授業の流れのポイントをしっかり押さえていく必要があります。それは，もちろん子供たちの姿で見て進めていくのですが，ここでは，一人一人というよりも全体で見ていくということが求められます。

## 2　「特別の教科　道徳」の教科書の活用

これからの道徳の授業は，教科書を基に行われます。したがって，これから求められる教材は，使用する教科書をいかに補充していくかということが主になります。

道徳の教科書は，いずれもこれからの道徳教育を見据えた魅力的なものが開発されています。しかし，それを使うのは，それぞれの学校の子供たちであり，先生方です。教科書を子供たちにとって，一生の宝物となるような，より魅力的なものにしていくことが大切です。

### (1)　教科書を子供たちにとってより魅力的なものにしていく

教科書が子供たちにとって魅力的なものになるには，子供たちが，いかに教科書の内容と対話し，自分を成長させられるかがポイントになります。自分にとって魅力的な道徳の教科書になるかどうかは，教科書を見ることによって，心を鼓舞されたり，楽しくなったり，考えさせられたり，確認させられたりと，自分の生活や生き方と関わらせて対話ができるかどうかです。教科書の内容との心の対話が深まれば深まるほど，子供たちにとって魅力的な教科書になっていきます。

道徳の授業を充実させるには，まず子供たちが使用する教科書に愛着をもち，いつも側に置いて見てみたいという意識をもてるように働きかけることです。それには，オリエンテーションを工夫したり，各教科等の授業でも使ったり，日常的に教科書の内容を話題にしたり，授業においても関連するページを紹介したり，直に記入できるところを丁寧な字や絵などで描くように促したりすることが考えられます。

さらに大切なのは，教科書の内容をより魅力的になるように膨らませてあげることです。例えば，道徳ノートを用意して，郷土資料や学校の独自資料などを授業で積極的に取り上げ（主教材としてだけではなく補助教材としても），それを貼っていくようにする。また，教科書に掲載されている教材を使うときも，内容に関係する補助教材や関連する情報，写真などを用意して，ノートに貼るようにしていくこともできます。

そして，何より大切なのは，その教科書を使った授業をノートに記録できるようにすることです。できれば，板書を写真に撮ってノートに貼れるようにしたり，板書計画を授業後に整理し直し，帰りの時間までに印刷して配り貼ってもらうようにしたりすると，一層興味をもってくれます。そして，授業で考えたことや授業後に考えたことなども書いてくれるようになります。

また，授業との関連で，自分で調べたり取り組んだりしたことや，自分が見つけてきた新聞記事や情報なども貼れるようにすると，教科書がさらに魅力的なものになっていきます。

そのことを通して，自己の成長を実感することができます。

### (2)　教師や保護者にとっても魅力的な教科書にしていく

教科書が子供たちにとって魅力的なものになると同時に，教師もまたその教科書を魅力的に感じるようにしていかなくてはいけません。道徳教育は，心と心の通い合いをベースにすることから，その媒介となる道徳の教科書に子供と同じように魅力を感じ，より魅力的にしていこうと工夫することが，道徳の授業をより充実したものにしていきます。教科書の内容を媒介にして，いろいろと調べたり取り組んだりしたことを教師自身のノートにメモし，その一部を子供たちに伝えて共有化することによって，心の通い合いはより深まっていきます。

このような取組に，保護者も巻き込むこともできます。学級通信などで道徳の教科書の内容を紹介したり，その授業についても意見をお願いしたりすることを積極的に取り組みたいです。

「特別の教科　道徳」の教科書は，子供と教師と保護者の三者が共通教材として活用できるようにしていく工夫が求められます。

## 3　多様な学習指導過程を組み立てる基本

多様な学習指導過程については，いろいろな提案がなされています。それらは全部意味があります。そのことを踏まえた上で，多様な学習指導過程を組み立てる基本的な押さえをしてみたいと思います。それは，「特別の教科　道徳」の目標にある三つのキー・ワード（道徳的価値の理解，自己を見つめる，物事を多面的・多角的に考える）をうまく絡めながら，多様に授業を組み立てることです。

例えば，次のようなことが考えられます。

(1)　自己を見つめる①→道徳的価値の理解①→物事を多面的・多角的に考える①→道徳的価値の理解②→自己を見つめる②→物事を多面的・多角的に考える②→………

⑵　道徳的価値の理解①→物事を多面的・多角的に考える①→道徳的価値の理解②→自己を見つめる→物事を多面的・多角的に考える②→………

⑶　物事を多面的・多角的に考える①→道徳的価値の理解①→物事を多面的・多角的に考える②→道徳的価値の理解②→自己を見つめる→………

それぞれの②はより深めることを意味します。なお「自己を見つめる」も「自分たちを見つめる→自分を見つめる」といった方法も加えて，考えていく必要があります。

例えば，⑴で見ていきますと，「親切にされて嬉しいと思いましたか」と問いかける。すると，自分の今までを振り返ります。自己を「見つめる」の①になります。いろいろ出してもらいながら，「そうね，じゃ思いやりってどう考えたらいいのかな，親切にするということはどういうことなのかな」と，問いかけ課題意識をもたせようとします。それは，「道徳的価値の理解」の最初の段階①です。

では，そのことについて今日はこの教材（読み物が多いです）から考えてみましょう，という形で，教材に描かれている道徳的事象や状況について，多様に考えられるようにします。それが「物事を多面的・多角的に考える」となります。そこで出てきた意見を整理することによって「道徳的価値の理解」を深めていきます。それが「道徳的価値の理解②」となります。子供たちの意見はどれも価値があると捉え整理していく。整理することによって，ねらいに関わる道徳的価値に関して，理解を深めていきます（道徳的価値の理解②）。

そこから自分自身を見つめてみる（自己を見つめる②）。今日の学習でこういうことが大切だと発見した，改めて確認した，ということも「自己を見つめる」ことになります。

そこで終わるのではありません。さらに，自己課題を見いだして，事後に追い求めようとする意欲を培っていくことになります。それは，日常生活における様々な道徳的事象や状況において「物事を多面的・多角的に考える」ということになります。つまり，授業を離れて日常生活でのいろいろな場面において，自分の対応の仕方をしっかり考えるように発展させていくのです。

例えば，(2)ですと，まず，思いやりってなんだろうと問いかけてみます。「道徳的価値の理解①」です。そこから，資料を提示し，思いやりについて深く考えてみようとなります。これが「物事を多面的・多角的に考える①」ということになります。そこから，意見を整理し「道徳的価値の理解②」を深めます。その視点から「自分を見つめ」ます。そして，自己課題を見いだし，事後へとつなげていきます（「物事を多面的・多角的に考える②」）。

要するに，三つのキー・ワードをどういう状況で考え結び付けていくかを基本に考えることで，道徳の授業が深まっていきます。

この三つのキー・ワードを道徳の時間だけで考えるのではなくて，事前，事後とか，各教科や特別活動とか，総合的な学習の時間もひっくるめてサイクル的に考えることが求められます。そのことによって，道徳の授業がパターン化することを防ぐと同時に，道徳の授業の効果が全教育活動や日常生活の中により反映されていくようになります。

## 第４節
# 学習指導要領が求める「特別の教科　道徳」の授業づくりを読み解く

**Q**　「特別の教科　道徳」の授業づくりの基本と構想のポイントを教えてください。

第１章　総　則

第６　道徳教育に関する配慮事項

２　各学校においては，生徒の発達の段階や特性等を踏まえ，指導内容の重点化を図ること。その際，小学校における道徳教育の指導内容を更に発展させ，自立心や自律性を高め，規律ある生活をすること，生命を尊重する心や自らの弱さを克服して気高く生きようとする心を育てること，法やきまりの意義に関する理解を深めること，自らの将来の生き方を考え主体的に社会の形成に参画する意欲と態度を養うこと，伝統と文化を尊重し，それらを育んできた我が国と郷土を愛するとともに，他国を尊重すること，国際社会に生きる日本人としての自覚を身に付けることに留意すること。

## １　中学生の発達段階を考慮した指導方法の工夫

第１に，中学生は最も多感な時期であることから，中学校の時期が人生でどのように重要な時期であるかを自覚できることが必要です。

道徳の授業では，まずこのことをしっかり取り組みます。現在活躍している人たちや先人も多感な中学生時代を過ごしています。そのような人々から学ぶことができます。

第２は，思春期のこの時期は内向きのコミュニケーションを発達させますが，閉鎖的な自己内対話にならないように友達と心を開いた対話が必要になります。自分たちの悩みや葛藤をお互いが率直に話し合える道徳の授業を考えます。その際，生徒たちに勇気と希望を与える読み物教材を積極的に活用します。

第３は，道徳の授業では，常に予習と復習を課すようにします。それらを道徳ノートに記入できるようにして，見返すことができるようにすることが大切です。読み物教材を使用する場合は事前に読んで課題についての自分の考えをまとめておくことや，アンケートなどに答えてもらうなども積極的に取り組みたいです。

第４は，中学生期は大人への不信感や社会への不信感をもちやすい時期です。したがって，道徳の授業で様々な生き方について話し合う中で，大人への信頼感，大人になることの期待，社会と関わることの意義と生きがい等についての意識が高まるようにすることが大切です。将来の社会や人生に危機感をもたせることは必要ですが，あおるだけの授業であると生徒たちは大人や社会への不信感を増すだけでなく，未来に夢や希望がもてなくなります。特に，このことに留意する必要があります。

第５に，中学生は学校行事や様々な学習活動において感動的な体験をする場が多様に用意されています。それらと直接響き合わせた道徳の授業を計画することが求められます。心が動くのは，そこに道徳的価値を感じているからです。感動をよりよく生きることにつなげていきます。

第６に，社会的事象や道徳的事象について，自分たちで調べ，追究し，提案し，取り組んでいける道徳学習を充実させることです。そのためには，道徳の授業での話合いが活発化するように，事前に総合的な学習の時間などで，道徳の授業で取り上げる事柄について，調べる学習を行い，道徳の授業で人間としての生き方から捉え直し，また，総合的な学習の時間などで実践へとつなげていけるように道徳学習を構想することもできます。

第７に，各教科における知的な学習をベースにした道徳の授業を積極的に考える必要があります。そのことによって道徳の授業での議論が思い付きではなく，しっかりとした知識や体験に基づく議論になっていきます。議論を深めるだけで終わるのではなく，話し合って気付いたり，確認したりしたことを基にして，自分と自分の生活を見つめて，自己評価をし，課題にどう取り組めるかを考えるようにする必要があります。事後に実際に取り組みながら，また，道徳の授業でより高い道徳的価値意識を基に話し合う，といった螺旋的な発展のある道徳学習も計画することも大いに取り組みたいです。

このような道徳学習が学校のカリキュラム（カリキュラム・マネジメント）の中核に位置付けられることによって，全教育活動や日常生活を通してアクティブ・ラーニングが活性化していくと言えます。

## ２　自我関与を重視した授業

まず，「特別の教科　道徳」の目標にある，道徳的価値の理解を深める，道徳的価値に照らして自己を見つめる，道徳的価値に照らして物事を多面的・多角的に考える，という三つを踏まえた授業を考える必要があります。そのためのポイントとして，次の５点を押さえた授業を工夫することが考えられます。

**第１は，多様に心が動くようにすることです。**道徳の授業は，心と心の響き合いをベースに取り組む必要があります。心が響く，心が動くというのは，そこに道徳的価値が介在しているからです。したがって，道徳の授業においては，教材を通して，問いかけ（発問）を通して，話合いを通して，活動を通して，心が動くようにすることが大切です。つまり，心が動く教材を使用する，心を動かす発問を工夫する，話合いの内容や話合いそのものを心が動くようなものにしていく，役割演技や実践的な活動も心が動くようなものを考える，といったことが求められます。

**第２は，心が動くおおもとを押さえる（どうしてそのように感じたのか等）ことです。**授業においては，道徳的価値について深く考えられるようにすることが大切です。そのためには，読み物教材であれば自分自身が一番心を動かしたところを，話し合ったり考えたりすることによって道徳的価値についての理解を深めることができます。その場面や事柄を子供たちと話し合うのです。そのことが子供たちの道徳的価値の理解を深めていきます。このときにねらいと違う価値が出てくることが多くあります。それは主価値に対する副価値と捉えられます。主価値を副価値と関わらせて捉えることによって，子供たちは，主価値に対してより深く捉えることができ，その視点から自分を見つめることによって，今まで気付かなかったことに気付いていきます。そして，日常生活ともよりつなげやすくなります。日常生活での価値の実現は多くの価値が関わり合っているからです。

**第３は，状況について（背景も含めて）道徳的価値に照らして多様に考えます。**それと合わせて大切なのが，今話題にしていることがどのような状況の下で起こっているのかについてイメージをふくらませることです。そして，どうしてそのようなことが起こるのか，どうしてそのようなことができるのか，といったことを，道徳的価値と関わらせて捉えられるようにするのです。このことは，上述の心の動きが起こるおおもとを押さえる話合いと同時に行われることが多いです。そのことによって，より道徳的価値についての理解を深めることができ，人間の心についてより深く捉えることができます。と同時に自分の生活や体験等とより関わらせて捉えられるようになります。

**第４は，その視点から自己や自分の生活や社会を見つめて自己評価を行い，課題を見いだせるようにします。**教材を通しての話合いや，思考を通して道徳的価値についての理解を深めます。そして，その視点から自分を見つめることが大切です。道徳的価値についての理解を深めていればいるほど，自分を深く見つめることができます。そして，自分の中で育まれている道徳的価値の状態について，成長を実感するとともに，自己課題を見いだせるようにします。

その自己課題の追究を行うには，自分の生活を見つめ直す必要があります。自己を見つめるということが，自分の価値観や生き方のみならず，現実の生活における取組へと関心が向くようにすることが大切です。

その見つめ方も，今の自分，今までの自分，これからの自分という視点から見つめられるようにします。そのことによって，より深く自分を見つめながら自己成長を図っていくことができます。

さらに，自分のことだけでなく，みんなと一緒になって取り組んでいくことにも目を向けられるようにすることも大切です。そのためには，道徳的価値に照らして，自分たちの生活している場や集団，社会そのものを見つめ直しながら，自分はあるいは自分たちはどのようにすることが求められるのかについて，考えを深められるようにするのです。

これらは，授業のねらいや使用する教材の特質に応じて柔軟に対応していく必要があります。以上のような視点をもちながら，この授業においては，どのような見つめ方が重要なのかを考えて授業を構想することが大切です。

そして，**第５に，自己課題を事後につなげていけるようにすることです。**終末段階で自己課題をもつだけでなく，そこから事後の課題追究へと動き出せるようにすることが大切です。課題をもつということはそこから新たな学習が始まるということです。事後の道徳学習にどのようにつなげていくか。例えば，授業で使った資料や教具などを教室に掲示して，朝の会や帰りの会などで話題にする。また，学級活動や総合的な学習の時間とつなげていく，家庭での学習や自己学習を促していく（時には宿題を課す），といったことも考えられます。そのことを充実させるには，道徳ノートを持たせて，道徳ノートを通しての指導が求められます。

## 3　問題解決を重視した授業

### (1)　基本的な押さえ

なぜ，問題解決的な授業が求められているのでしょうか。それは，道徳教育の目標と関係します。人間としての自分らしい生き方をしっかり考え，それを基に，具体的な生活や学習活動の中で，道徳的事象や状況に対峙し，乗り越え，よりよい自己と社会を創っていける子供たちを育てることが道徳教育の目標だからです。だとすれば，様々な道徳的課題や問題に対して解決していく力，一言で言えば，問題解決力を育てなければなりません。

問題解決力を身に付けるためには，大きく二つのポイントがあります。「方法知に関する学び」と「本質知に関する学び」です。つまり，いじめなどの道徳的事象に対して，「どうしたらいいの」という視点から解決方法を考えられるようになることが必要です。そのことを深めるためには，「どうしてこうなったのか」という本質的な問いを深めていくことが大切です。そのことによって道徳的価値の理解や人間理解や状況理解などが深まっていきます。道徳の授業は，後者が主になりますが，前者もしっかりと取り組む必要があります。

### (2)　道徳授業の工夫

そう考えたときに，今までの道徳の授業は，「どうしてこうなったのか」の追究にばかり時間がとられ，「どうすればいいのか」に関わる学習は，あまりしなかったように思います。それは，むしろ特別活動の学級活動で取り上げるべきだという主張があります。実際，道徳の授業で方法知の学習に偏ると，処方箋を学ぶ授業になりかねません。最初に道徳的決断に関わる発問（どうすればいいのでしょう）をしておいて，前半部分で本質追究を，後半部分で方法追究をすることもできます。

しかし，１時間で多くのことを盛り込むと表面をなでるだけの授業になりかねません。そこで，２時間続きの授業をしてみるとか，１時間目を「特別の教科　道徳」の授業で，「どうしてこのようになったのか」を中心に，あとの１時間を学級活動における道徳教育ということで「どうすればいいのか」についてじっくり話し合い，考える授業を組んでみる，ということもできます。

### (3)　プロジェクト型問題解決学習の取組

子供たちの道徳的課題や問題に関する解決力を育むためには，もっとダイナミックに問題解決的な学習，いわゆるプロジェクト型道徳学習を工夫する必要があります。そのポイントとして，次の点が挙げられます。

**第１に，問題意識をもつ。**取り上げようとする道徳的な課題や問題に対して，「どうしてだろう」「どうすればいいのだろう」という興味関心をもてるようにします。

**第２は，問題は何かを明確にする。**各自が問題意識をもつことは大切ですが，問題（課題）追究的な学習をしようと思えば，各自が課題を出す中で，共通した問題意識をもてるようにすることが大切です。

**第３に，問題を解決するためには何がポイントなのかを考える。**つまり，その問題を解決していくにはどのようなことを押さえなくてはいけないかを探ります。それは，どうしてこのようになったのかを追究することにもなり，本質を踏まえた解決策を考える源となります。

**第４に，具体的解決策について提案する。**具体的解決策については，全員で様々に出し合いながらいくつかに絞ります。そして，それぞれにグループで追究し提案へとまとめていく，といった方法が考えられます。なお，具体的解決策においては，実際に取り組むことを前提にして具体的な実施計画も含めてまとめていくことが大切です。

**第５に，それぞれの解決策について吟味する。**それぞれのグループが考えまとめた解決策について，根拠や内容について発表し，議論します。

**第６に，だいたいの方向性を共有する。**それぞれの提案を聞き議論することを通して，解決策に向けてのだいたいの方向性をまとめていきます。一つにまとめられればいいですが，複数にまとめることもあっていいです。

**第７に，実践に向けて動き出す。**まとめた解決策を実践する段階です。その場合，実施計画についてみんなで検討し合い，共有化することが大切です。

**第８に，実践した結果について話し合い，さらによい方法を考える。**

以上のようなプロセスが考えられます。このプロジェクト型学習を遂行していく中で，日常生活においてそのような問題が起こらないような工夫を考えたり，注意したりするようになります。またそのことから，みんなの協力体制やまとまりも出てくるようになります。そのこともまた，プロジェクト型の道徳学習をする大きな利点です。

このようなプロジェクト型の道徳学習は，道徳の時間だけで行おうとすると多くの時間を取られてしまいますし，週１時間の授業をつなぎ合わせるだけでは効果的な学習はできません。１時間の授業では，第６くらいまでならばできるかもしれませんが深い学びは難しいです。道徳の授業では，第３が特に重要です。そこから第４について投げかけ，そのあとのことは学級活動や総合的な学習の時間等を使って追究するようなことを考えたいです。そのことによって，より本質的な問題解決的な学習ができます。

## 4　道徳的行為に関する体験的な学習を重視した授業

### (1)　基本的な押さえ

体験的な授業が主張されるのは，道徳の授業が，授業だけのことと捉えて終わったり，自分の日常生活とは関係ないと捉えていたりする子供が多いと言われているからです。そこを改善していく必要があります。

まず大切なのは，実感すること，納得することです。そのためには，感覚器官を使って，感じ取ったり考えたり，実際に体験したりすることが必要になります。体験を通して，道徳的価値意識を自分と関わらせて感じ取り，より深く考えられるようになります。そのことによって，日常生活で具体的実践へとよりつなげやすくなります。体験を通して内面を育て，心（道徳性）と体（実践，表現）の一体化を考え，日常生活で実感することへとつなぐことを中心にする授業といっていいかと思います。

### (2)　道徳の授業での工夫

そのために，道徳の授業では，どのような工夫ができるでしょうか。例えば，現実生活を実際に観察して課題を見つける，実物に触れる，本人に出会う，疑似体験をする（役割演技など），実際の場で考える，感じ取る（例えば，自然の中で教材の世界を実感して考える，実際の人々を観察しながら考える）などが考えられます。

さらに，実際にやってみて，その行為の意味を考え，また行為の仕方を考えるという授業も工夫できます。実感するということを，もっと広げて，道徳の授業の後で，具体的生活の中で実感できるように，事後に働きかけていくといったことも考える必要があります。逆に，道徳の授業の中で考えながら感じたことが，以前に感じたことと同じだと逆実感していく授業も考えられます。

このことによって，子供たち自らが実践へとつなげていける授業を多様に展開することができます。

## 第５節
## 総合単元的道徳（総合道徳）学習を工夫する

**Q**　総合単元的道徳学習のポイントについて教えてください。

### １　基本的な押さえ

「特別の教科　道徳」が道徳教育の要としての役割を果たすためには，重点目標や社会的課題，学校課題等に関して，関連する教育活動や日常生活等とを密接に関連させた指導計画を，１～２か月間くらいをスパンにして，総合単元的道徳学習（総合道徳学習）として計画し，取り組んでいくことが必要です。

道徳教育は，全教科を通して行います。その要として「特別の教科　道徳」があります。もっと関係する教科等と関連をもたせて，道徳的課題を追究していける学習プログラムを開発していく必要があります。先ほど述べたプロジェクト型道徳学習をもっと発展的・総合的に展開するのです。それは，今回の改訂において，特に強調されるカリキュラム・マネジメントの核心になります。

学校現場では，○○教育という課題が無数に出てきます。それに対して，全体計画や指導計画を作成しましょうとなると，大変です。そして，それらがバラバラになされると，先生方は大変な苦労をされます。苦労の割に効果が実感できないと，疲れが残ります。

しかし，それらは，これからの社会において，よりよく生きていくための課題です。全て道徳的価値と関わりをもっています。それらは，バラバラではなく，「この変化の激しい社会で人間としてよりよく生きる」という点で結び付くわけです。だとすれば，道徳教育を中核にして取り組めば，容易に計画できますし，効果も響き合って上げていくことができます。つまり，道徳教育の重点目標として，取り組んでいけばいいことになります。そのプログラムをどうするか。総合単元的道徳学習は，そのことを容易にできるようなプログラムの開発を求めているのです。

「特別の教科　道徳」の年間指導計画においては，１時間１時間の指導計画とともに，複数の授業を関連付けたり，いろんな教育活動と密接に関わらせて重点的に指導できるような指導計画を合わせてつくっていく必要があります。

また，「行動の記録」に挙げられる項目は，主に道徳性の行動面に現れた評価と捉えることができます。総合単元的道徳学習においては，１～２か月くらいの期間の中でいろいろな教育活動と関連させて取り組むことから，認知的側面，情意的側面，行動的側面について評価しながら，行動形成にまでもっていく指導を充実させていくことができます。

さらに，教師と子供たちが，日常生活をベースとして主体的に道徳教育をつくっていくことができます。例えば，最初の計画レベルで，まず教師がおおよその計画を示し，子供たちに付け加えるものがあるかを検討してもらい，付け加えていく。また，一人一人の個人的な目標を考えてもらうこともできます。

そして，計画を進める中で，随時評価を取り入れ，みんなで改善を図りながら取り組んでいくということもできます。その中に，家庭でも取り組めるように，各家庭で家庭目標をつくってもらうようにすることもできます。

それらを，「特別の教科　道徳」の年間指導計画に位置付けることが大切です。

## 2　どのように計画するのか

総合単元的道徳学習の計画は，多様に組むことができます。その基本的な手順を述べてみると，次のようにまとめられます。

### ①　総合単元的道徳学習名を考える

具体的に，全体を通してどこまで取り組みたいかが分かるようにしておくとよいです。例えば「思いやりの心をもって行動できるようになろう」など。

### ②　全体のねらい（指導のポイント）を明記する

総合単元的道徳学習の計画全体を通してどのようなことを指導するのかについて，そのポイントを三～五つくらい書いておきます。

### ③　関連を図る各教科等における道徳教育のポイントを明記する

ねらいに関わる気付きや考え，興味や関心等が連続的に発展するようにします。

各教育活動の特質や学習内容を考慮して，調べる学習，深く考える学習，道徳的価値の自覚を深める学習，実感する学習，表現する学習，体験する学習，実践する学習などを組み合わせ，響き合わせていくようにします。

朝の会や帰りの会，掲示，家庭や地域での学びなどを工夫します。

朝読書，１分間スピーチ，学級新聞づくり，新聞記事等の紹介，ドラマや映画の紹介，本の紹介，体験の紹介や問題・課題の投げかけ等も効果的です。

### ④　子供たちの意識の連続性を考え「特別の教科　道徳」が要の役割を果たせるようにする

「子供の心の動き」という欄を設けて，総合単元のねらいに関して意識が深められたり，広げられたりするようにします。「特別の教科　道徳」が要であるという視点から計画の全体を子供たちの姿で具体的にイメージし，教育活動や日常生活をつなげていきます。

**⑤　子供と一緒に道徳学習を深めていく（オリエンテーションをする）**

オリエンテーションの中で子供たちも計画レベルで関われるようにします。保護者も巻き込めるようにしたいです。

**⑥　総合単元的道徳学習用のノートをつくる**

その間の学習について，授業だけでなく，授業後の取組や考えたこと，家で考えたり，取り組んだりしたことなども書けるようにします。

そして，自己評価や自己課題，自己指導に関する記述もできるようにします。

子供たち一人一人が自分の宝物をつくるという意識をもてるようにすると，より効果を上げることができます。

# 第４章

# 学習指導要領が目指す<br>新しい「特別の教科　道徳」の授業<br>【事例】

## 第１節
# 自我関与を重視した授業づくり

## １　第１学年：Ａ－(1)　自主，自律，自由と責任［弱さから逃げず，誇りをもって］

### (1)　ねらい

正直・誠実に生きることは，ごまかせるかもしれないという心の弱さに打ち克つ自分の誇りや生き方から生まれることを理解し，自分の弱さから逃げず，過ちに対しても自ら判断し，自己の責任において誠実に行動していこうとする態度を養う。

### (2)　教　材

「裏庭での出来事」（出典：文部省『中学校読み物資料とその利用―主として自分自身に関すること―』平成３年）

### (3)　道徳的価値について

私たちは誰もが過ちや失敗を起こしてしまう。その過ちや失敗に対してどのように対処するのかによって，その人自身の値打ちが決まる。

生徒にとっては，正しいことと間違っていることの判断は容易につく。しかし，悪いと分かっていても誘惑に負けたり，友達や周りを気にしてつい流されてしまったりすることは少なくない。叱責されたり，恥ずかしい思いをしたりするのを恐れるあまり，自己保身に走り，うそをついたりごまかしたり，他人に責任を転嫁したりしてしまいがちである。まさに罰からの回避であり，それは自律からはほど遠いものである。さらに，他人からどのように見られるのかを気にすることもまた，自律とは言えない。どのような小さなことでも，自らを律し，自分で考え，自分の意志で決定し責任をもつことにより，私たちは自らに誠実に生きることができる。そしてそれは，自分自身に対する自信を生み，誇りを育てることになるのである。

### (4)　学習指導過程の実際

**【導　入】**

**○　ごまかさず，責任をもって判断し行動することは，どうして大切なのだろう。**

・叱られるから。

・恥ずかしいから。

**【展　開】**

**○　大輔がうまく説明をしているのを見て，健二はどんなことを考えていただろう。**

・叱られなくてよかった。

・大輔が言い訳をしてくれたけれど，これでよかったのだろうか。

・雄一には申し訳ないな。

・雄一はきちんと正直に認めたのに，自分はできなかった。何かすっきりとしないな。

**○　家に帰った健二は，どんなことを考えていただろう。**

・心がもやもやする。こんな気持ちのままではいやだ。

・このままではだめだ。先生に正直に言わないと。

・大輔は何と思うだろうか。

・雄一は立派だったな。それに比べて，自分は情けない。あのとき，自分がしたと言っておけばよかった。

・大輔や雄一に，もう一度相談してみよう。

**◎　健二を職員室へと向かわせたものは何だろう。**

・友達がどうであれ，自分にとって大切にしたいと考えたもの。

・もやもやした心では情けないという思い。

・ひと回り大きくなった健二。

・自分の意志をきちんと出せず逃げているあやふやな自分でいたくないという思い。
・自分は心が逃げてしまったのだ。もう逃げたくないという思い。

（補助発問）

**○　健二は，何に対してもやもやとしていたのだろう。**

・正直に話せる場面で，自分の思いが出せず，心が逃げてしまった自分にもやもやとしていた。もう逃げたくないという強い思い。
・友達の顔色を気にしたり，友達の判断に揺れてしまったりしている自分の情けなさ。

**【終　末】**

**○　ごまかさず，責任をもって判断し行動するためには，何が大切なのだろう。**

・流されない心。
・自分の中でのしっかりとした考え。
・他人がどうであれ，自分が大切にしたい生き方。自分の誇り。

### (5)　この授業のポイントと留意点

○　正しいと判断したことに誠実に行動できるかどうかは，自分の内に自ら規律をつくり，人に左右されず，物事をよく考えて行動しようとすることで実現できる。自らの過ちに対して，迷うことなく誠実に行動した雄一，深く考えずその場に合わせて行動する大輔，そしてその両者に挟まれながら自らの判断を躊躇し，流されていく健二。自らの足りないところを自覚し，自らの責任を背負い，自ら判断して行動しようとする健二に自我関与しながら，ねらいに迫るのが本授業である。

生徒の中には，「もう話がついているではないか」と，健二が職員室に向かう姿に疑問を感じる者もいるであろう。だからこそ，そのままにしておけば済むこの状況で，健二を職員室へと向かわせたものは何かを，健二に自我関与させ，じっくりと考えられるようにしたい。

○「健二はなぜ，職員室に向かったのだろう」と問うのではなく，

「健二を職員室へと向かわせたものは何か」と問いたい。前者の問いでは，単に，「本当のことを言おうと思ったから」「正直に言うため」などと，教材の場面理解や行動レベルの返答にとどまってしまう。後者の「向かわせたもの」と問うことで，場面や行動を答えるのではなく，健二の誠実な行動を支えた「もの」，すなわち，健二が大切にした「もの」を考えさせることができる。

○　健二を動かしたものは，自分をどのように捉えたかの広がりである。叱られる，周りから笑われるなどといった他律的な自分や社会律的な自分から，自らに基準をつくり，他人はどうであれ，自らの判断で行動するという自律的な自分でありたいという思いである。また，叱られたり笑われたりすることに怯えていたり，流されていたりする自分という存在を客観的に見たのである。これらは，自らの「誇り」を大切にした見方であると言える。特に中学生では，自分を客観的に捉えることができる段階であるがゆえに，「誇り」というものの存在や「自らの誇り」について考えられるようにしたい。そうすることで，他に流されず，自律的に判断し，行動することのできる力を育てていくことができる。

健二にしっかりと自我関与し，職員室に向かったという行動から，その行動の奥にある考え方を，みんなで考え合いたい。

○　「大輔を残して自分だけ行ってもよいものか」あるいは「大輔も誠実に生きることが必要だが，触れないでよいのか」などの疑問が出てくるときがある。

ここでは，健二の決断に焦点化し，彼が，周りからの影響に流されず，自らを律し，自分で考え，自分の意志で決定し責任をもつことにより，自らに誠実に行動しようとしたことについて考えたい。

「大輔に言っても仕方がない」や「あとで大輔に説明すればよい」などといった話合いになると，ねらいからは逸れてしまう。そうならないよう留意したい。

## 2　第２学年：Ｄ－⑿　よりよく生きる喜び［自分の中にある強さや気高さを信じて］

### (1)　ねらい

私たちには，自分に甘く，都合のよい生き方をしてしまう弱い心があるとともに，それを自戒し，自分に厳しく，気高く生きていこうとする強い心をもっていることに気付き，自分の中にある強さや気高さを信じて生きていこうとする意欲を育てる。

### (2)　教　材

「足袋の季節」(出典：『中学校道徳　あすを生きる２』日本文教出版，平成29年)

### (3)　道徳的価値について

私たち人間は，決して完全なものではない。誰の心の中にも，それぞれ弱さや醜さがある。様々な誘惑に負け，自分を律することができず，自分に甘くなって，都合のよい生き方や自分中心の行動をしてしまったり，しなければならないと思いつつも怠けてしまったりすることが往々にしてある。

しかし同時に，私たち人間は，自分の弱さや醜さに対して，悩み，後悔し，呵責に耐えきれない自分の存在を深く意識するなど，弱さや醜さを克服したいという思いや願いをもっている。そして，「このままではだめだ」「これからはもっとよりよく生きよう」などと，自分の弱さや醜さを自戒し，生きる目標をもつ。これは，人間のもつ強さや気高さの表れである。そしてその中で私たちは，自分に誇りをもって生きる喜びや人間の行為の美しさに気付くことができるのである。

### (4)　学習指導過程の実際

**【導　入】**

○　私たち人間の中には，どのような弱さがあるだろうか。

・うそをついたり，ごまかしたりしてしまったときに，なかなか正直に言えない。

・勉強しなければいけないと分かっているのに，つい怠けてしまう。

**【展　開】**

**○　この主人公の弱さとは何だろうか。そして，その弱さに対して，どのように向き合おうとしたのだろうか。これを今日は，みんなで考えていこう。**

**○　この主人公の弱さとは，どのようなところだろう。**

［おばあさんからお釣りをごまかしたところ］

・足袋が買えるという心に負けて，お釣りをごまかしたから。

・相手が気付いていないことをよいことに，黙ったまま逃げるようにその場を去ったから。

・誘惑に負けてしまったから。

［40銭をおばあさんからの自分への励ましと解釈したところ］

・おばあさんはわざとお釣りを多くくれたんだと，主人公の都合のよいように考えたから。

・きっとおばあさんは主人公の辛さを分かってくれていて，励ましてくれたんだと，勝手に解釈したから。

・おばあさんと顔を合わせるのが怖くて，避けていたから。

［おばあさんに謝って許してもらおうと思ったところ］

・このままだと耐えきれない。おばあさんに直接，謝ったら楽になれると思ったから。

・謝って，全てをなかったことにしてもらおうと思ったから。

**○　この主人公の強さとは，どのようなところだろう。**

［おばあさんからお釣りをごまかしたのを後悔しているところ］

・あの貧しいおばあさんから自分は何と情けないことをしてしまったんだと自分を責めていたから。

・自分の良心に対してずっと苦しみ続けたから。

［おばあさんに謝りに行こうとしたところ］

・勇気を出して謝りに行こうと決心したから。

・遠いところをわざわざ会いに行ったから。

［今日まで，くじけずにやり通してきたところ］

・20以上の職をくじけずやり通してきたから。

・おばあさんの言葉を今も支えに頑張っているから。

◎　**持っていた果物かごを川に落とした主人公は，何を考えていただろう。**

・おばあさんに申し訳ない。これからずっと，謝ることはできなくなった。

・そもそも，謝って済ませようとしていたのが間違いだった。自分は，何と弱い心をもっていたのだろう。この弱い心と向き合い，これからは，強く生きるぞ。

（補助発問）

○　**この後の主人公は，どのような生き方をしていったのだろう。**

・おばあさんの言葉を心に留めて，いつも頑張って生きる。

・後悔しないよう，何事も前向きに生きる。

・自分の弱さが出てきそうなとき，それではだめだと自分に言い聞かせて生きる。

**【終　末】**

○　**私たちは，弱さとどう向き合うことが大切だろう。**

・弱さがあることを認めた上で，同時に，強さももっていることを信じて頑張る。

・弱さの乗り越え方次第で，自分らしさや誇りが育てられる。弱さをごまかすのではなく，自分の誇りを大切に，乗り越えられるようにしたい。

### （5）　この授業のポイントと留意点

○　中学校の段階は，自分の中にある人間としての弱さに向き合い，さらに，自分の中にある強さを信じて生きていこうとする態度，すなわち，自分の誇りを大切にした生き方について考えられるようにしたい。本教材は，学校現場ではいわゆる「有名な教材」である。

時代が変わっても，この教材の主人公の中にある人間としての弱さと強さは，今の生徒にも十分共感と自覚ができるものであると考える。教師も教材の主人公に自我関与し，生徒と共に考え合う姿勢でじっくりと進めていきたい。

○　この主人公には，例えば，次の三つの弱さがあると考える。

・生活の苦しさから，思わずお釣りをごまかして取ってしまった甘さ。
・自分のした過ちを，おばあさんは自分を励ましてくれているんだと，自分に都合のよいように言い訳をしてごまかしていた弱さ。
・自分の過ちを，謝れば済むと思って謝りに行こうと，自分の都合のよいように考えていた甘さ。

特に，かごを川に投げ込んだのは，謝れなかったという後悔だけではなく，自分の都合のよいようにばかりした自分の甘さや心の弱さに対する情けなさや悔しさであろう。したがって，その後の主人公は，二度と，自分に都合のよい生き方をせず，常に自分に厳しく生きていこうとしたのである。つまり，人間は，失敗したときに，それをその後の人生にどのように生かして生きていけるかどうかにその人の値打ちがかかっていることと，そういった生き方ができる強い力をもっていることを生徒と共に考え合いたい。

○　本授業の場合，「主人公は，釣り銭をごまかし，しかもそれをおばあさんは自分にくれたんだと都合よく解釈し，良心の苦しさは謝れば済むと思っていた自分に後悔したのだ」でとどまってしまうと，登場人物の心情理解に偏る，心情読解の授業になってしまう。

そうならないためには，後悔したことの意味をさらに問い，考えさせる中で，「私たちには，自分に甘く，都合のよい生き方をしてしまう弱い心があるとともに，それをごまかすことなく自戒し，自分に厳しく，気高く生きていこうとする強い心をもっている。自分もそうだ」などといった道徳的価値の自覚へと深めていくことが大切である。

## 3　第３学年：C－⑽　遵法精神，公徳心［みんなが幸せで安心な社会をつくるための規則］

### (1)　ねらい

規則やルールは，みんなが幸せで安心な社会をつくるために定めたものであり，そこには集団の一人一人の幸せや笑顔をみんなで頑なに守り，実現しようとする積極的な意味や意義があることを理解し，進んで規則を守ろうとする態度を育てる。

### (2)　教　材

「二通の手紙」（出典：文部科学省『私たちの道徳 中学校』）

### (3)　道徳的価値について

集団には必ずきまりがある。きまりは，人間の知恵が生み出したもので，集団に属する全ての人々が互いの思いや願いを実現し，力を合わせて生きていくために成員の総意でつくったものである。

きまりがなかったり，一人でもきまりを守ろうとしなかったりすると，集団のまとまりがなくなり，一人一人の願いが実現できなくなる事態となる。中でも，その影響は，集団の中の弱い立場に置かれている者に及ぶことが多い。したがって，集団を構成する誰もが，懸命にきまりを守ろうとする努力が必要となるのである。

しかし，中学生の時期は，きまりや規則に対して，自分たちを拘束するものとして反発したり，少しくらいは大丈夫だろうと自分勝手に考えたりし，仕方なく従っているといった実態がある。

きまりは，その集団に秩序を与え，全ての成員の生命をはじめ権利や自由を守り，誰もが安心して生活できるようにするために人間の知恵が生み出したものであることを自覚し，進んで守ろうとする態度を養いたい。

### (4)　学習指導過程の実際

**【導　入】**

○　規則はどうして大切なのだろうか。

・規則がないと，社会が混乱する。

・みんなが気持ちよく生活できるように。

・社会の秩序を守るため。

**【展　開】**

○　どうして元さんは，２人の姉弟を入場させたのだろう。

・喜ばせてあげたかった。

・さみしそうにしていて，かわいそうだったから。

（補助発問）

○　規則については，どのように考えていたのだろう。

・少しくらいいいだろう。

・大体，規則というのは固すぎるんだ。そんなことでは，子供たちを喜ばせてあげることなんてできない。

○　子供たちを探している間，元さんはどんなことを考えていたのだろう。

・どうか無事に見つかってくれ。

・何かあってからでは遅い。入場させなければよかった。

・自分の勝手な判断で，みんなに迷惑をかけてしまった。

◎　元さんがこの歳になって初めて考えさせられたこととは，どのようなことだろう。

・子供たちの幸せや笑顔を一瞬で失ってしまうところだった。

・自分の優しさは，違っていたな。規則が何のためにあるのかを全く勘違いしていた。

（補助発問）

○　元さんが大切にしてきたものとは何だろう。

・子供たちの幸せや笑顔が一番大事なもの。この小さな小さな幸せや喜びを何が何でも守るために規則がつくられたのだ。だから，絶対に守らなければいけなかったのだ。

・ルールや規則は，みんなが幸せで安心な社会をつくるために決めたこと。規則は固すぎるんじゃなく，固くなければならない。

・規則は，優しさや温かさと重なっているものなんだ。

**【終　末】**

**○　規則の大切さをもう一度考えてみよう。**

・規則は，みんなの思いや願いがあってつくったもの。その視点に立てば，守ることの大切さが納得できる。

### (5)　この授業のポイントと留意点

○　本授業は，「きまりを破るとみんなに迷惑をかけてしまう。だから，きまりを守ることが大切だ」でとどまってはいけない。なぜなら，そのレベルでは，生徒にとって分かりきったことを言わせたり書かせたりする授業になってしまうからである。

○　規則の尊重に関してコールバーグは，慣習的水準である第４段階「法と秩序」志向と慣習的水準以降の自律的な水準の第５段階「社会契約的な法律」志向とで，以下のような違いを指摘している。

前者は，規則が固定的に捉えられ，絶対的なものとして考えられているのに対して，後者は，社会的利益についての合理的な考察によって法を変えることができるという考え方であるという。つまり，規則はつくったものであるという視点で考えることができるように道徳性が成長するということである。本時は，ここに切り込む授業である。したがって中学３年生あたりに適切な授業と考える。

○　２人の姉弟を入場させた元さんは，規則に対して「少しくらいならいいだろう」「規則というものは固すぎるんだ」「規則には，優しさも温かさもない」などと考えていたのである。これは，規則が固定的で絶対的なものとして捉えている第４段階の考え方であり，中学生の実態そのものである。元さんに自我関与することで，この元さんがこの歳になって初めて考えさせられたことを考えさせ，規則をつくった側の視点で規則の意義を考えられるようにしたい。

○　本時においても，「きまりはどうして大切なのだろうか」と問いかけ，問題解決的な学習として進めていくことで，生徒にとっての主体的・対話的で深い学びとなるようにする。

○　中心発問でじっくりと考えることができるようにするためには，第一発問が重要である。どうして元さんは，２人の姉弟を入場させたか。ねらいに迫りきれない授業では，元さんの優しさや思いやりだけを押さえてしまっている。元さんの優しさや思いやりは，まったく間違いがない。このため，「自分のやったことは間違いはなかった」となってしまうのである。

本時は，遵法精神の授業である。規則について元さんはどのように考えていたのかを押さえねばならない。元さんは，規則についての考え方が間違っていたのである。元さんにしっかりと自我関与させ，規則が固いもの，冷たくぬくもりのないものといった意識でいた元さんに十分共感するようにしたい。そうすることで，元さんがこの歳になって初めて考えさせられたことをじっくりと考えることができるようになるのである。

○「晴れ晴れとして職場を去ったのはどうしてか」を中心発問にすると，上記のように「自分のやったことは間違いはなかった」に向かいがちである。元さんがこの歳になって初めて考えさせられたことは何か。それは，規則は優しさからつくったものであるということである。つまり，優しさと規則は対立するものではなく，重なるものなのである。だからこそ，規則は固すぎるのではなく，固くなければならないのである。

授業では「この歳になって初めて」をしっかりと強調したい。年配の元さんが初めて考えさせられたことであるから，よほどのことである。このことを強調し，じっくりと考えられるようにしたい。生徒からの意見が浅いものであれば，果たしてそれは元さんにとって初めて考えさせられたことだろうかと揺さぶりをかけ，より深く考えさせたい。

# 第２節
# 問題解決を重視した授業づくり

## 1　第１学年：B－(8)　友情，信頼

### (1)　生徒の実態

中学１年生はまだ友人関係が不安定で，自分勝手な意見を言う一方で，自分の気持ちを押し隠してグループで同調行動をとったりする傾向もある。互いに適切な自己主張ができず，仲間内でも十分な意思の疎通がとれていないことがある。通常は互いに傷つけ合わないように細心の注意を払うが，時にささいなことがきっかけで無視や仲間外しなどが生じることもある。

### (2)　ねらいの設定

ねらいは友達関係の在り方について理解を深め，互いに適切な自己主張の仕方について考え，思いやり信頼し合う人間関係を築く態度を育てることである。特に，真理子とみゆきの立場から友人関係の問題解決を考えることで，相手の立場になって思いやり，心を開いて友人関係を築き直す能力を育成することである。

### (3)　教材の概要

「いつも一緒に」（出典：『道徳教育推進指導資料』文部科学省，平成４年）

真理子とみゆきは親友で，いつも一緒に行動していた。ある朝，みゆきが真理子に宿題を見せてくれと頼む。みゆきはバレーボール部のレギュラーになったから練習が大変なのだと言い訳した。真理子は「私はあんたの宿題係じゃない」と怒鳴った。近くにいた恵子がみゆきに「宿題は自分でやるべきよ」とつめ寄った。恵子の友達の由里も

真理子に同調した。恵子が「みゆきのこと皆で無視しない？」と言うと，由里も楽しげに同意した。次の日から真理子は恵子たちといつも一緒にいるようになり，みゆきを無視するようになった。他の女子たちもみゆきを避けるようになった。

### (4)　主題の設定

親しい友人関係でも物事の善悪を判断し，正しいことを適切に自己主張することが大事である。優柔不断な態度が友人関係に悪い影響を及ぼすこともあることに気付けるようにしたい。また，陰湿ないじめが生じた場合は，お互いに思いやりのある正直な気持ちを伝え合い，友人関係を修復できるようにしたい。教材を用いて，真理子とみゆきの立場から友情に関わる問題解決に取り組むようにする。

### (5)　教材の分析

この教材で道徳的問題となるのは，真理子が親友のみゆきとの付き合いを続けるか，恵子たちのグループと付き合うかの選択である。ここでの価値としては，他人の宿題を写そうとするみゆきを裁く正義感，恵子たちとの新たな友情，みゆきを無視することの快楽と自責がある。そこで，真理子の立場からみゆきと仲直りした場合と恵子たちのグループに入った場合とで，その結果を予想しながら解決策を探る。次に，みゆきの立場からもこの友人問題の解決法を探る。

### (6)　学習指導過程の実際

**【導　入】**

T　**皆さんはいつもどんなふうに友達と付き合っていますか。**

C　おしゃべりする。→一緒に行動する。

T　**一緒に行動しない人は友達ではないのかな。**

C　一緒にいなくても友達は友達だよ。→心が通じ合えばいい。

T　**心が通じ合うのは簡単かな。**

C　友達でも通じ合えないことがある。→友達なら分かり合える。

T　**今日は，友達付き合いについて考えてみましょう。**

**【展開前段】**

※「いつも一緒に」の教材を全部読む。

T　この物語では，何が問題になっていると思いますか。

C　みゆきの身勝手さ。→真理子の優柔不断なところ。→親友のみゆきをいじめること。→真理子がみゆきをとるか，恵子をとるか。

T　この後，真理子はどうすればよいと思いますか。なぜそう思うか，その結果どうなるかも考えてみましょう。

C１案　話し合って，みゆきと仲直りする（計15人）：早めに仲直りしないと，取り返しがつかなくなるから。→それでは，みゆきが反省しない。→みゆきの悪い所も指摘した方がいい。

C２案　恵子たちのグループに入り，みゆきを無視する（計８人）：みゆきに反省させるため。→みゆきがかわいそう。→恵子たちのグループに入ると，いつか真理子もいじめられるかもしれない。

C３案　恵子のグループには入るが，みゆきへの無視はしない（12人）：恵子たちと仲よくするけど，みゆきを無視するのはひどすぎるから。

C４案　何もしない。しばらく様子をみる（計５人）：みゆきとは話しにくいから。→もっとひどくなるかもよ。

T　どれが一番いいと思いますか。

C　みゆきを無視するのはよくないよ。→これくらいしても平気よ。→無視するのって，いじめじゃないの。→ただの遊びだよ。

T　自分がそうされてもいいですか。

C　絶対いやだ。→自分ならちゃんと話し合ってほしい。→みゆきのわがままな点は反省してもらい，仲直りすべきだね。

T　今度は，あなたがみゆきならどうするかを考えてみましょう。

C１案　すぐ真理子に謝る（14名）：すぐ詫びる。→今後は真理子と気持ちよく付き合えるようになる。

C２案　怒って抗議する（10名）：真理子の裏切りにムカつくから。

→それって逆ギレだよ。→怒ったら逆効果だ。

C３案　新しい友達をつくる→部活に専念する（８名）：部活で真理子をいじめ返せばいい。→教室でやり返されるよ。

C４案　黙って耐える（８名）：そのうちやめるよ。→もっとひどくなるかもよ。

T　**どれが一番いいと思いますか。**

C　ひどくなる前に謝るべきだ。→非を認めれば許してもらえるよ。→すでにこれだけやられてるんだから，もう謝らないでしょう。

T　**みゆきは謝る場合とそうしない場合で，どちらが互いに幸せになれるかな。**

C　つらいけど仲直りした方がいい。→何もしないと生き地獄が続く。→だけど，もう簡単には仲直りできないよ。

T　**これまで友達とケンカして仲直りしたときはどのようにしましたか。**

C　機嫌のよいときに，さりげなく話しかけた。→共通の友達にとりなしてもらった。→手紙を書いて正直な気持ちを伝えた。

**【終　末】**

T　**今日の授業で考えたことをまとめてみましょう。**

C　ただ一方的に相手に頼るだけでは，よい友達関係は築けないと思った。→日頃からお互いに気持ちよく自己主張し合うのが大切だ。→ケンカしたら，早めに心から話し合って仲直りすることが大切だと思った。

T　**授業を踏まえこれからどんな友達付き合いをしたいと思いますか。**

C　相手のことを思いやって心と心で付き合うこと。→いつも一緒にいるだけじゃなく，常日頃から本心で話し合い，思いやりをもって接することが大事だ。

### (7)　評価方法

友達関係について認識を深めることができたか評価する。導入で友達関係について「いつも一緒に行動すること」と答えていた生徒が，終末では「相手の気持ちを考え，早めに本音を伝えて誤解が解けるよう話し合う」と答えていた点を認める。

教材の友人問題を適切に解決ができたか評価する。真理子とみゆきの立場で考えることで，初めは一方的にみゆきを非難していた生徒が，みゆきを含めた複数の関係者それぞれに配慮し，互いの意見を調整していた点を認める。

## 2　第２学年：Ｃ－⑾　公正，公平，社会正義

### (1)　生徒の実態

中学２年生は人間関係も築け，自己主張もできるが，相手の言い分に耳を傾けないため，争いになることがある。隣席の者同士，同性の友達同士，同じ部活の者同士でグループを形成し，同じ価値観を共有する一方で，他のグループや異質の他者とは対立し排除し合うこともある。自分と同じ考えをもつ仲間同士では互いの欲求や権利を尊重し合うが，他のグループや未知なる他者の欲求や権利にはなかなか配慮ができない。

### (2)　ねらいの設定

ねらいは，いろいろな考え方があることを理解することを通して，それぞれの事情を踏まえて公平に判断する能力を育むことである。特に，スリーテンの問題を考え，他者の立場や言い分を理解し，他者の欲求や人権を尊重しながら問題解決する能力を養うことである。

### (3)　主題の設定

生徒が互いに自己主張することは大切であるが，自分の欲求や権利を一方的に主張するだけでなく，他の生徒の言い分も共感的に理解して，互いに尊重し合える学級にしたい。発達段階で言うと，自分や仲間だけ優先するレベルから弱者や未知なる他者の言い分も公平に尊重するレベルへの移行を目指す。そこで，スリーテンの話合いを通して互いの価値観の違いを深く理解し，異質な他者の言い分や心情を尊重しながら公平に問題解決ができるようにしたい。

### (4)　教材の分析

この問題では，バスに乗せる７人を選ぶパターンと乗せない３人を選ぶパターンがある。乗せる基準としては，弱者優先，自分優先，重要人物優先，任意の選出などが考えられる。また，単に見かけだけで

相手を判断する場合と，登場人物の早く乗りたい理由を聞いた上で判断する場合とで，選定が異なる点にも注目する。多様な意見を吟味する中で，誰を本当に優先すべきか，誰が本当の弱者なのかを探究する。

※なお，本教材はNHK Eテレの「ココロ部！」の『だれを先に乗せる？』の原作である。

### (5)　学習指導過程の実際

**【導　入】**

T　（奇妙な鳥の絵を見せて）この絵は何に見えますか。

C　アヒルだよ。→ワニじゃない。→カモかも？

T　答えは様々ですね。どれが正しいでしょう。

C　絶対アヒルだよ。→どう見てもカモでしょ。→なんでだよ(笑)。

T　いろいろ出ましたが，なぜ意見が分かれるのでしょうか。

C　変な絵だから。→同じ物を見ても人によって見え方が違うから。

T　このように意見が分かれたとき，どうすればよいと思いますか。

C　多数決で決めればいい。→自分の考えの正しさを説明する。

**【展開前段】**

※下記の教材を読む。

> ある冬の朝，10人の客を乗せたバスが寒い荒地でパンクしてしまいました。運転手が電話でバス会社に連絡すると，１時間ほどして代わりの小型バスが１台来ました。しかし，その小型バスには運転手のほかに７人しか乗れませんでした。外はとても寒くて凍えそうで，みんな暖かな小型バスに乗りたがっています。
>
> ①40代女性の会社員　　　⑥70代の優しそうな女性
> ②50代男性の政治家　　　⑦40代男性の大工
> ③６歳の女児　　　　　　⑧30代の怖そうな男性
> ④同じ学校の異性の友達　⑨30代の妊婦服を着た女性
> ⑤60代男性の僧侶　　　　⑩自分（中学生）

Ｔ　あなたが小型バスに乗せる７人を選ぶように頼まれたとしたら，誰をどのような理由でどのように選びますか。

Ｃ１案　高齢者が先だ：バスには高齢者の優先席があるもの。

Ｃ２案　まずは自分が乗るよね:やっぱり自分や友達が大事でしょ。

Ｃ３案　女性が先よ:だってレディーファーストっていうじゃない。

Ｃ４案　偉い人が先だよ:社会的に重要な人から先に乗せるべきだ。

Ｃ５案　ジャンケンかアミダクジで決めればいいよ：面倒だから。

Ｔ　自分の案は乗せない人たちを納得させることができますか。

Ｃ　後で文句言われそうで嫌だな。→ちょっと考え直そうか。→強い人を先に乗せるのはどうかな。→ジャンケンもいいかげん。

Ｔ　なぜそれらは問題なのですか。

Ｃ　弱い方を優先した方がいいから。→困っている人を救うべきだよ。

Ｃ　高齢者や子供や女性でも元気な人がいるし，男性でも体の弱い人や急いでいる人がいるよ。

**【展開後段】**

※次に下記の「早く行きたい理由」を配布して話し合う。

①40代女性の会社員：就職の面接があるため，遅れたくない。
②50代男性の政治家：重要な会議がある。後でお礼をするから。
③６歳の女児：寒いから早く小学校へ行きたいよ。
④同じ学校の異性の友達：今日はテストがあるから早く行きたい。
⑤60代男性の僧侶：集会があるので早く行きたい。
⑥70代の優しそうな女性：ゲートボールの試合に遅れたくない。
⑦40代男性の大工：急病なので，早く病院へ行きたい。
⑧30代の怖そうな男性：先に乗せないと，殴るぞ。
⑨30代の妊婦服を着た女性：お腹に子供がいるのでつらい。
⑩自分（中学生）：早く学校へ行きたい。

Ｔ　それぞれの意見を理解した上で，どうやって決めればよいかもう一度判断しましょう。グループごとに発表してください。

C１案　弱い人や困っている人を優先する（⑦と⑨優先）：⑦は病気だし，⑨は妊娠中だから思いやるべきよ。→誰かが体調を悪くすれば，後で訴えられるかもしれないから。

C２案　強い者を優先する（②と⑧優先）：②は社会的に重要な会議かもしれない。→⑧は暴力をふるわれるから。→⑧の暴力を認めると，暴力を認めることになるよ。

C３案　自分が得になるようにする（⑩と④を優先）：やはり自分が大事だよ。→それでは人を納得させられないよ。

C４案　自分を後にし，ほかの人（お坊さんと政治家）も説得して後にする。：学校は理由を話せば分かってもらえる。残る人を募集したらどうかな。→互いに譲り合うと，席が余るね。

**【終　末】**

T　**今日の授業でどのようなことを考えましたか。**

C　みんないろんな考え方をすることが分かった。→相手の立場を考えると，無責任なことが言えないと思った。→それぞれの立場を尊重して，皆が納得できる解決策をつくれるとよいと思った。

T　**いろいろな人の見方や考え方を知ることで，いろいろな立場からものが考えられるようになります。多面的・多角的に見られるようになると，自分を豊かに大きく成長させるきっかけとなるのです。**

### (6)　評価方法

他者の意見を理解し尊重する態度について評価する。初めは自分の意見を押し通し，相手の意見を一方的に批判する面もあったが，議論が進む中で他者の意見にもよく耳を傾け，多様な意見を調整しながら判断する様子が見られた点を認める。

次に，「早く乗りたい理由」を聞いた後の人選で，どのように判断や解決策が変化したかを評価する。初めは自分や仲間を優先する意見が多かったが，議論が深まるにつれて社会的弱者や未知の他者の言い分を思いやる意見も現れた点を認める。

## 3　第３学年：C－⑽　遵法精神，公徳心

### (1)　生徒の実態

中学３年生は法や規則（ルール）の大切さを頭では理解しているが，私情や利害関係が絡んでくると，平気でルールを破ってしまうことがある。例えば，学校での係活動や掃除でも，先生から指導されないと，自発的に活動しない生徒も多い。社会規範やルールを単に面倒で煩わしいものと考え，できれば公共的な係活動や掃除よりも私的な欲求や仲間との友情を優先させたい傾向もある。

### (2)　ねらいの設定

ねらいは，規則の意義を理解し，他者への配慮を尊重しながらも，社会関係や因果関係を洞察し，責任ある行動を判断する力を育むことである。具体的には，元さんの立場で規則遵守と思いやりが対立する問題を考えることで，規則の意義を深く理解し，どうすれば責任ある行動がとれるかについて判断する能力を養うことである。

### (3)　教材と概要

「二通の手紙」（改作）（出典：『道徳教育推進指導資料６』平成９年）

〈前半〉

元さんが動物園の入り口を閉めようとしていると，幼い女の子が弟の手を引いて「入れてくれ」と頼んだ。元さんは困りながら言った。「もう終わりだよ。それに子供は家の人が一緒じゃないと入れないよ」。その女の子は今にも泣き出さんばかりだった。「でも，今日は弟の誕生日だから，キリンやゾウを見せてあげたかったのに…」。

〈後半〉

元さんは「じゃ今日だけ特別に入れてあげよう。そのかわりなるべく早く戻るんだよ」と言った。しかし閉門時刻の５時を過ぎても戻ってこなかったため，職員をあげて一斉に子供の捜索を始めた。１時間後に園内の小さな池で遊んでいる２人を発見した。数日後，事務所へ元さん宛てに姉弟の母親から感謝の手紙が届いた。その家族は父親が病気で母親が働きづめのため，姉が弟の誕生日に動物園に弟を連れて行ったのだという。元さんは職場の仲間から褒め称えられた。その後，元さんは上司から呼び出され，解雇処分の通告の手紙を渡された。

### (4)　主題の設定

身近な弱者や仲間に対して思いやりをもつことは大事だが，それと同時に社会的規範を遵守することの大切さも深く認識し，責任ある価値判断ができるようにしたい。発達段階で言うと，身近な弱者や仲間集団のための利益しか考えないところから，将来の結果や社会的な規範を幅広く考えるところへ移行させ，将来，社会人として責任ある行動をとれるようにする。

資料では，元さんが姉弟への思いやりと会社の規則遵守との間で葛藤する問題を考え，大局的な見地から責任ある道徳的な判断をし，適切な解決策を構想できるようにする。

### (5)　教材の分析

この教材の道徳的問題は，元さんが姉弟を思いやって特別に入園を許可するか，職場の規則を厳格に遵守するかにある。ここで注目すべきポイントは，姉弟に入園の許可を出す思いやり，それが職務違反であること，子供だけの入園は危険であること，全職員や動物園に迷惑をかけること，後で姉弟や母親に感謝されること，職務違反で職場を解雇されることである。そこで資料を二つに分割して，「元さんはどうすればよかっただろう」と問いかけ，その結果を考えながら価値判断し，互いに納得できる解決策を構想できるようにする。

### (6)　学習指導過程の実際

**【導　入】**

T　将来の職業で成功するために何が必要かをアンケートしたら，「規則を守ること」「責任ある仕事をすること」と書かれたものが多くありました。そもそも規則やルールは何のためにあると思いますか。

C　暮らしやすくするため。→悪い人を罰するため。→ルールは人を縛るから，あまり多くない方がいいよ。

T　今日はこうした社会のルールについて考えていきましょう。

**【展　開】**

※教材の前半を読む。

T　ここでは，何が問題になっていますか。

C　子供たちを入園させるかどうかで迷っている。→子供たちへの思いやりを大切にするか，仕事の規則を守るかで困っている。

T　入園を頼まれたとき，元さんはどうすればよいと思いますか。

C１　入園させる（22名）：かわいそうだから。→誕生日だから。

C２　入園させない（18名）：規則だから。→上司に叱られるから。

T　その結果，どのようになると思いますか。

C　入れたら上司に叱られる。→姉弟に喜ばれる。→姉弟が動物に襲われる。→親から文句を言われる。→逆に喜んでもらえるかも。

C　入れないと姉弟を悲しませる。→誰からも文句は言われない。

※教材の後半を読む。

T　話を一通り読んで，元さんはどうすればよかったと思いますか。

C１案　入園させる（５人）：姉弟が無事に見つかったからいい。→姉弟とその母親を喜ばせたから。→一生の思い出になる。→首になっても悔いはないはず。→情に流されているよ。

Ｃ２案　入園させない（35人）：他の職員に迷惑だから。→姉弟が危険だから。→首になるから。→規律が乱れるから。

Ｔ　元さんの行動として，別の解決策は考えられないだろうか。

Ｃ３案　「別の日に親と一緒に来なさい」と言えばよかった。

Ｃ４案　上司に連絡して相談すればいい。→親に電話したらどうかな。

Ｃ５案　元さんか他の職員がその姉弟に付き添って園内を回ってもよかった。

Ｔ　もし姉弟が自分の子供だったらどうだろう。

Ｃ　ルールだし，危険だから入園させない。→例外は認めない。

Ｃ　自分の子供なら，入園させてあげる。優遇してもいい。

Ｔ　もし元さんの真似をして，他の職員も自分の勝手な判断で子供たちを自由に入園させるようになったとしたら，どうなるだろう。

Ｃ　無責任で子供たちが危険。→他の客も入ってきて閉園できない。

Ｔ　元さんが入園させたのは本当に思いやりと言えるだろうか。

Ｃ　子供のことを思いやるなら，無責任に入園させるべきではない。上司に相談し，入園させるなら誰か職員が付き添うべきだ。

**【終　末】**

Ｔ　今日の授業でどんなことを考えましたか。

Ｃ　ルールを守ることの大切さと難しさ。→仕事には責任が伴うこと。

Ｔ　初めにも聞きましたが，ルールとは何のためにあると思いますか。

Ｃ　自分や他人が不公平にならないようにするため。→学校や社会を秩序正しく保つため。→自分や相手を不正や危険から守ることにもなる。

Ｔ　時に規則と思いやりが対立することもありますが，公私混同したり一時の感情に流されたりすると，信用されなくなるだけでなく，自分や相手を危険にさらすことにもなります。逆に，責任ある仕事ができ

**ると，皆から信用され，社会でも大きく成長できます。**

### (7)　評価方法

生徒が社会的な見地から大局的に規則の意義を考えられたかを評価する。例えば，「姉弟がかわいそうだから入園させる」と考えていた生徒が，「姉弟の身の危険や職務上の規則を踏まえて対応する」と答えた点を認める。

また，規則の意義に関する認識がどれほど深まったかを評価する。例えば，事前調査で「規則は人を縛る」と答えていた生徒が，終末では「規則は自分や友達を守り，社会の秩序を保つことにもなる」と考えていた点を認める。

【参考文献】

○柳沼良太著『問題解決型の道徳授業』明治図書出版，2006年
○柳沼良太編著『子どもが考え，議論する 問題解決型の道徳授業事例集』図書文化社，2016年

# 第３節
# 道徳的行為に関する体験的な学習を重視した授業づくり

## １　第１学年：Ｄ－⒆　生命の尊さ［かけがえのない命］

**◆中学校第１学年のポイント◆**

生徒たちは，「生命」がかけがえのないものであることを分かっている。しかし，自己の生命に有り難みを感じている生徒は決して多いとは言えない。それは，自分たちが毎日健康に過ごせ，すくすくと成長しているからである。そこで「死」を迎えようとする母と娘を役割演技することで，生命尊重の意義を実感をもって理解させたい。

### (1)　ねらい

「母の死」を目の当たりにした少女の生き方を考えさせることを通して，生命の重み，今を生きていることの尊さに気付き，与えられた命を大切に，前向きに生きようとする心情を育てる。

### (2)　教材と概要

**【教材名】「語りかける目」（出典『自分を見つめる』あかつき）**

「阪神・淡路大震災」のあと，遺体安置所で，一人で焼けこげたナベの中にある小さな遺骨を見つめている少女が，震災でのつらく悲しい出来事を語る話である。地震が起こり，家の下敷きになった少女の母に火事が迫ってくる。泣きながら母を案じる少女と，「ありがとう。もう逃げなさい」と握っていた手を放す母。切羽詰まった状況の中で，互いを思い合う二人。そして，残された主人公はナベに入れた母の遺骨を見つめながら，母の分まで生き抜いていこうと誓うのであった。

### (3)　学習指導過程の実際

**【事前の指導】**

・生徒に「生命」についてアンケートを実施し，生徒の実態を把握する。
・保護者に，我が子誕生の気持ちを，手紙に記してくれるよう依頼する。
・保護者に授業参加を呼びかける。

**【本時の指導】**

・導入で阪神・淡路大震災について知り，教材への関心を深める。
・役割演技を取り入れ，実感をもって生命の尊さを理解する。
・保護者の手紙を読んで，自分がかけがえのない存在であることを実感する。

**【事後の指導】**

・役割演技後，演者，観客が話し合い，その後各自が書く活動を通して自己を見つめる。

**【展開例】**

| | 学習活動・主な発問 | 予想される生徒の心の動き | 指導上の留意点◎ |
|---|---|---|---|
| 導入 | 1　阪神・淡路大震災について知る。 | ・被害の大きさにびっくりした。<br>・いつ自分たちに起こるか分からない。<br>・怖い。 | ◎ねらいとする価値への意識付けをする。<br>◎被災生徒への配慮をする。 |
| | 学習課題：かけがえのない生命の大切さについて考えよう。 | | |
| 展開 | 2　条件情況をつかみ，教材への関心を高める。<br>○教材を読む。<br>3　教材から道徳的問題を考える。<br>4　主人公と母，それぞれの心情を話し合い，価値に迫る。 | | ◎生徒から出された考えを基に話合いの視点を焦点化する。 |

| | | | |
|---|---|---|---|
| | 問１：やっとの思いで母を探し当てた主人公とその母の気持ちを考える。 | 【主人公】<br>・よかった。母がいた。<br>・助けることができない。<br>・誰か助けて！ | 【母】<br>・私を見つけてくれたんだ。<br>・ありがとう。<br>・早く逃げて！ |
| | 問２：母親が娘の手を放したときの２人の気持ちを考える。<br>「母親は娘の手を放しました。そのときの母親の気持ちを保護者が，母親から手を放されたときの娘の気持ちを生徒が小グループになって話し合いましょう。」 | <br>【主人公の気持ち】<br>・死なないで。<br>・一緒に逃げたい。<br>・死ぬのは怖い。 | 【母の気持ち】<br>・１人にさせてごめんね。<br>・早く逃げて。<br>・私の分も力強く生きて。<br>◎役割演技の前にお互いの気持ちを確認すると演者がどうしたいか気持ちの整理ができる。 |
| | 問３：生徒が主人公を，保護者が母親を役割演技したあと，演者，観客が話し合う。 | | |
| | 問４：「ナベ」の中の遺骨に少女は何を語りかけているのかを考える。 | ・おかあさんは私の心の中にいる。<br>・私はどんなことがあっても命を大事にしていくよ。<br>・辛いことがあっても，強く生きていくからね。 | <br>◎役割演技に場面絵や小道具を用いて疑似体験させる。 |
| | ５　今日の授業を振り返る。<br>・保護者の書いた手紙を読んだあとで，自分が考えたこと，感じたことを書く。 | ・自己内対話したことを書く。 | ◎書く活動を取り入れる。 |
| 終末 | ６　保護者の話を聞く。 | | |

**【授業の様子（ポイント）】**

①　生徒は，役割演技を行い，さらに保護者の手紙を読んで，自分の存在がかけがえのないものであり，与えられた命の大切さを実感できる。

②　①を書く活動に結び付け，生徒の意見や考えを保護者に積極的に伝え，お互いの気持ちを交流させたい。

### (4)　心ときめく授業のために…保護者参加型授業の有用性

・保護者に道徳教育を理解してもらうきっかけとなる。

・経験豊富な大人の意見を聞いて，生徒の考えが深まる。

・小グループの話合いでは，保護者同士のコミュニケーションが生まれる。

・保護者の意欲的な態度に生徒は触発される。

・多面的・多角的に考えられる。

## 2　第2学年：D－(22)　よりよく生きる喜び［よりよく生きる］（ロールプレイを取り入れて）

### ◆中学校第2学年のポイント◆

中学校の第2学年の段階においては，概念的思考力が高まり，批判的な思考や創造的な思考が可能となる。また，メタ認知力も高まり，もう1人の自分が冷静に自分を見つめる自己内省力が高まる。

中学2年生における体験的な活動は，表面に見える行為よりも，置かれた情況化におけるそれぞれの立場に基づく考えや結果を想定しての議論など，対話を中心としながら，多面的・多角的に考えることにより，深い学びができる。

### (1)　ねらい

人間には自らの弱さや醜さを克服する強さや気高く生きようとする心があることを理解し，人間として生きることに喜びを見いだそうとする態度を育てる。

### (2)　教材と概要

**【教材名】「良心とのたたかい」（出典：『明日をひらく中学校道徳②』東京書籍）**

19年間刑務所にいた囚人ジャン・バルジャンは釈放され，刑務所から出てきてミリエル司教の温かさに触れたが，改心できずにいた。しかし，やがて，市長になりマドレーヌと名乗っていた。そこへ，シャンマティユーという男がジャン・バルジャンだと疑われ裁判に掛けられ処罰されるとの情報が市長のもとに届く。その男に罪を着せたままにするか，全てを失うが自分が本当のジャン・バルジャンであると名乗り出るか自己葛藤する物語である。有名な『レ・ミゼラブル』の一場面である。

## (3)　学習指導過程の実際

**【事前の指導】**

小学校時代に学習した「銀のろうそく立て」を想起させ，その後のジャンの生き方の大筋をつかめるように，読書やVTR視聴など自分で調べ学習を体験できるように働きかける。

**【本時の指導】**

裁判所の様子を教室内に設定し，裁判官・陪審員・検察官・弁護人被告の立場をそれぞれ生徒がロールプレイし，それぞれの立場から考え意見を述べる。そのあとジャンの心の内の二面性を自己内対話の形で考えるようにしたい。最後は，グループごとに自分たちが考えたことを基に役割演技し，じっくり考えたい。

**【事後指導】**

日常生活の中で，よりよく生きる喜びを意識することは少ないが，自分の納得のいく生き方を他者や社会との関わりで考え実践していくように学級活動を中心に働きかけていく。また，日常の生活ノートや日記指導も有効である。

**【展開例】**

| 段階 | 学習活動・主な発問 | 予想される生徒の心の動き | 指導上の留意点（◎）・評価（☆） |
|---|---|---|---|
| 導入 | 1　小学校時代に学習した「銀のろうそく立て」の学習を振り返り，ジャンのこれまでの生き方を整理する。 | ・司教の願いはすぐにかなうことはなく，悪いことは重ねていた。<br>・立ち直ろうとする気持ちはあり，やがて市長となる。 | ◎ジャンが置かれている罪をつぐなっていない。市長としてみんなのために働きたいという二面性を捉えておく。 |
| | **学習課題：よりよく生きる喜び<br>納得できる生き方ってどんな生き方だろう** | | |
| 展開 | 2　資料の登場人物，条件・情況について確認する。<br>3　教材から道徳的問題を考える。 | | ◎生徒から出された考えを基に話合いの視点を焦点化する。 |

| | | |
|---|---|---|
| ４　それぞれの立場を話し合い価値に迫る。<br>問：それぞれの立場で考えてみよう<br>・ジャベル警視<br>・シャンマティユー<br>・証人<br>・裁判長<br>・陪審員<br>・弁護人 | ・模擬裁判所をつくり，役割分担をする。<br><br>・生徒たちがそれぞれの立場から発言してみる。<br><br>**立場の違いから道徳的な視点の幅を広げることができる。** | ◎役割演技でもいいし，劇にして役者と観劇者の立場で考えてもよい。<br>◎多面的な考えで，立場や時間を変えて考えられるようにしたい。<br>◎ローテーション授業等工夫し，裁判所の舞台セットを全学級で活用できるようにする。<br>◎グループ討議に保護者や地域の方の参加もあってよい。 |
| 問：ジャンはどうして名乗り出たのだろう。 | ・自分の心が痛んだ。<br>・無実の罪をきせられたシャンマティユーがかわいそう。<br>・ミリエル司教との約束を果たしたかったから。 | ☆様々な立場から考えることができたか。判断するときに大切なものが何かをおぼろげながらでもつかめたか。<br>◎名乗り出たことだけでよかったとするのでなく，名乗り出たとき，名乗りでなかったときの未来の結果を予想しながら，テーマに迫る。 |
| **【課題の焦点化】**<br>**市長のとった行動は本当に正しかったのだろうか**<br><br>（縦軸）名乗り出ると　今までの苦労が<br>誠実　正しい　人を救える<br>（横軸）名乗りでないと　良心の呵責に苦しむ　無実の罪をきせてしまう<br>市長として　みんなのために　貧しい人を　救える<br><br>**自分ならどうする** | | ◎立場を変えて考えたことを基に自分の生き方を多角的に考える。<br>◎みんなが正しいと考えたことをもう一度生き方としての行為と一致できるのかを自分ごととして捉える。<br><br>**正しさだけを追究するのではなく，ケアを必要とする人間もいることに気付くようにしたい。**<br><br>◎自己内対話をし，自分の意志決定と実際の行為とが一致することの大切さを理解する。 |
| 問：今日の学習から学んだことは何ですか。また，これから | ・自己内対話をしたことを中心にノートに書く。 | ◎書く活動を取り入れる。<br>◎それぞれの考えを，意見交換しさらに考えを深め |

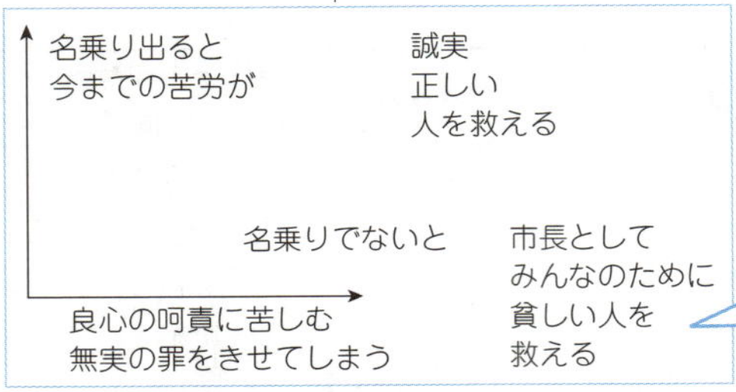

| | | | |
|---|---|---|---|
| | の人生に生かしていけることはどんなことですか。 | | る。<br>☆よりよく生きることのヒントを捉えることができたか，ノートや発言から評価する。 |
| 終末 | 5　その後のジャンにどのように生きてほしいか続きの物語を書く。 | ・自分なりのよりよい生き方をジャンの生き方に託して，物語の続きを書く。 | ◎学習内容と自己の生き方とをつなぐ終末としたい。 |

**【体験的な学習のできる場づくり】**

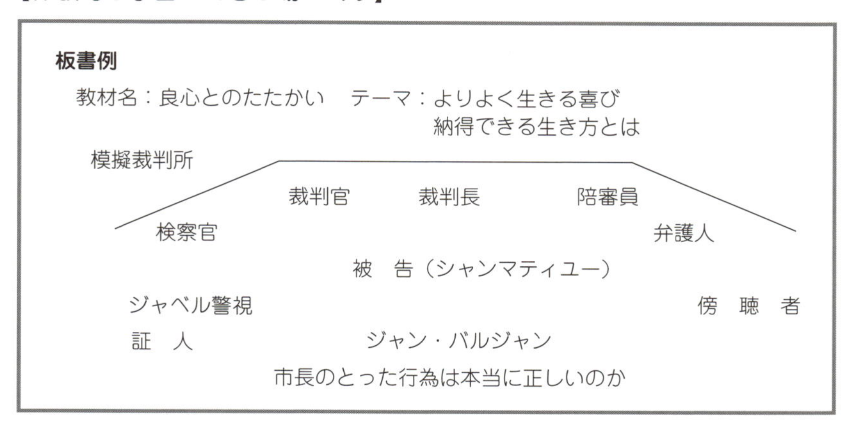


※それぞれの立場の意見を記入していく。

**【授業の様子（ポイント）】**

①模擬体験学習を通して，多面的な考え方を相手の立場に立って考えることの大切さを学ぶことができる。

②一度正しいと判断したことでも，もう一度問い直すことの大切さをこの授業で学習できる。

### (4)　心ときめく授業のために

○小学校時代の学習とリンクさせて，司教の優しさを授業の中でも生かしていくとよい。

○模擬裁判所の設定やそれぞれの立場からの発言やその後の意見交換などを考えると２時間扱いの授業も工夫する必要がある。場の設定を行ったら，ローテーションで授業を行う等全クラスが活用できるように学年体制で行うとよい。

### (5)　その他の教材から

○「六千人の命のビザ」「渡良瀬川の鉱毒」（東京書籍）など時間をかけて人間の生き様を学習する内容では，総合道徳プロジェクト学習（他の教科も交えた学習計画）が有効である。

## ３　第３学年：Ａ－(3)　向上心，個性の伸長［目標に向かって］

**◆中学校第３学年のポイント◆**

中学３年生の生徒たちは自らの進路を真剣に考えているが，挫折や失敗を恐れ，それらを回避しようとして安易な選択をしてしまうことがある。また，努力しても思いどおりの結果に結び付かず，悩み，苦しむことも多い。そこで，本時では自分の目標に向かう権利を優先するのか，または，きまりを尊重して義務を果たすのかという主人公の葛藤に身を委ねながら，これからの生き方を考えさせたい。

### (1)　ねらい

自分の目標とココロスポーツの契約との間で揺れる主人公の気持ちを多面的・多角的に思考し，判断することを通して，目標に向かって前向きに生きることの大切さに気付き，あきらめずに努力する態度を養う。

### (2)　教材と概要

**【教材名】「まほうのスケート靴」（出典：「NHK映像教育資料 ココロ部」）**

スピードスケートでオリンピック代表になりたい主人公は，他の選手たちが履き，タイムを上げている「ジェットウィナー」の靴を履くか履かないか，迷っている。主人公はココロスポーツと契約しており，ココロスポーツ以外の靴で公式試合には出られない約束になっている。契約を破ってジェットウィナーを履くか，契約どおりココロスポーツの靴で戦うか。主人公はどうしたらいいのだろう？

### (3)　学習指導過程の実際

**【事前の指導】**

・事前に「目標に向かって」のアンケートをとり，生徒の実態を把握する。

・第１次で状況の共通理解と道徳的葛藤の明確化を図り，第２次でモラルディスカッションを行う２時間扱いとする。

**【本時の指導】**

・目標に向かう心ときまりの尊重との間で揺れ動く主人公の心情を生徒が自分ごととして「履くか，履かないか」判断し，その理由を話し合って，多様な感じ方，考え方に出合い，主人公の葛藤を実感する。

・役割演技を行い，主人公の心情を自分ごととして捉えさせる。

**【事後の指導】**

・役割演技後，演者，観客が話し合い，その後各自が書く活動を通して自己を見つめる。

**【展開例】**

| | | |
|---|---|---|
| 第一次 | ○アンケート結果を知り，ねらいとする価値への方向付けをする。<br>○教材を視聴し，自分が主人公ならどうするかを考え，判断・理由付けをする。<br>○第１次の判断・理由付けをワークシートに記入する。 | ・アンケートを活用し，短時間で導入を図る。<br>・書く活動を取り入れ，モラルディスカッションへの準備を行う。 |
| 第二次 | ○第１次の判断・理由付けを基に意見交換を行う。<br>○判断を基にして意見を述べ合い，論点を明らかにし，自分の考えを確かなものにしていく。<br>○主人公はどうしたらいいのかを考え，話し合う。<br>○今日の学習から，目標に向かう心やきまりの尊重について考えたことを書く。 | ・自分のネームプレートで板書に示させて個々の決定を視覚化し，話合いを焦点化させる。<br>・小グループの話合いを取り入れ，活発に議論させる。<br>・主人公の葛藤を通して考えたことを振り返り，ワークシートに書かせる。 |

**【本時の取組（２／２）】**

| | 学習活動・主な発問 | 予想される生徒の心の動き | 指導上の留意点◎ |
|---|---|---|---|
| 導入 | 1　前時を想起し，学習問題を把握する。 | | |
| | 【学習課題】ジェットウィナーを履くか，履かないか。 | | |

| | | | |
|---|---|---|---|
| 展開 | 2　第１次の判断・理由付けを基に意見交換を行う。<br>3　「ジェットウィナー」を履くか，履かないかを判断して，ネームプレートを黒板に貼る。 | 〈履く〉<br>・夢の実現が最優先。<br>・靴のせいで負けたら今までの努力がふいになる。 | 〈履かない〉<br>・契約を破ったら違約金を払わなければならない。<br>・ココロスポーツの人たちを裏切れない。<br>◎自分ごととして判断し，主人公の葛藤を実感させる。 |
| | 4　相互に意見を述べ合い，自分の考えを確かなものにする。 | 〈履く〉に対して<br>・この靴を履けば絶対にオリンピックに出られるのか。<br>・自分の力不足を靴のせいにしてはいないか。 | 〈履かない〉に対して<br>・自分の夢の実現のためには仕方ないのではないか。<br>・オリンピックに出られれば違約金を払うお金を稼げるのではないか。 |
| | 5　主人公の心情を役割演技をして考える。 | | ・主人公の心の内を役割演技を通してじっくりと考えさせ，生徒の心を揺さぶる。 |
| | 6　演技後に，演者，観客が共に話し合う。 | ・どんな方法をとっても勝ちたい気持ちと，ココロスポーツの人たちを裏切れない気持ちとで悩んでいると分かった。<br>・主人公はココロスポーツの人たちに会うのが辛かったと思う。<br>・どちらも納得するよい方法はないのだろうか。 | ◎演者の言葉，表情や観客の解釈した意味を話し合いながら，演者と観客の別なく，実感的に理解できるようにする。 |
| | 7　最後の試合を悔いなく終えるためにどうしたらいいのかを考える。 | | ◎試合後の気持ちや行為の帰結についても考えさせる。 |
| まとめ | 8　今日の授業を振り返り，学んだこと，考えたことを書く。 | | ◎書く活動を取り入れる。 |

**【板書例】**

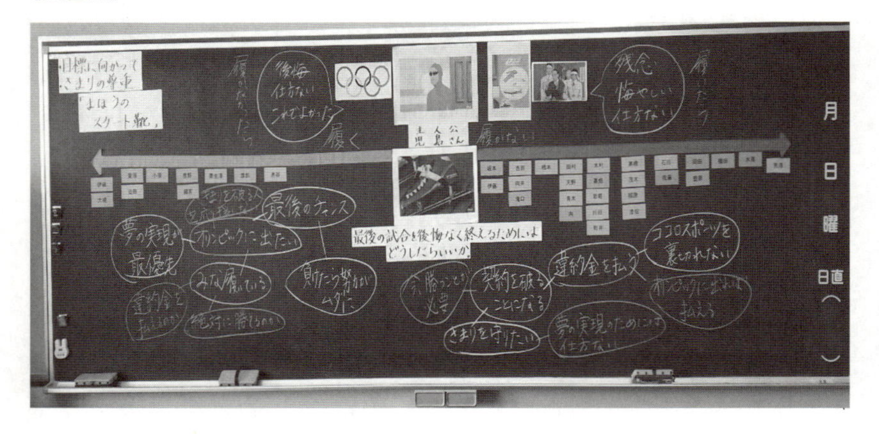


## (4)　心ときめく授業のために…道徳オリエンテーションの重要性

○年度初め，学期初めの「道徳オリエンテーション」が１年間の道徳の授業を決める。

○オリエンテーションでは，生徒と教師が共に道徳の心構えをもつ。

○話合いの練習をし，楽しく真剣に，考え，議論できる雰囲気づくりをする。

# 第４節
# 教科等横断型の単元的授業づくり

教科等横断型の単元的授業づくりについて，１年では，中学校での教科の専門性を生かした道徳教育を実施する観点から，美術科における「畏敬の念」の指導を中心に道徳科と関連付けた事例を，２年では，「自然愛護」の指導について，社会科と道徳科を関連付けた事例を，３年では，「遵法精神」の指導について，道徳科を中心に社会科や学級活動等と関連付けた事例を以下に紹介する。

## １　第１学年：Ｄ－⑵1　感動，畏敬の念［教科（美術科）の専門性を生かした道徳の指導］

### (1)　構想のポイント

人は優れた芸術作品や芸術家の技に触れることによって感動や畏敬の念を深めることができる。ここで紹介する事例は，中学１年生の美術科において，教科の専門性を生かすことで，内容項目Ｄ－⑵1「感動，畏敬の念」（美しいものや気高いものに感動する心をもち，人間の力

作者が作品に込めた心情や意図を想像しているところ

を超えたものに対する畏敬の念を深めること）を，より深めることができるのではないかと考えた実践事例である。

美術科における表現と鑑賞は密接に関係しており，双方がうまく生かされて一層充実した創造活動へと高まる。中でも，美術作品のよさや美しさを感じ取り味わうという鑑賞学習では，漠然と作品を鑑賞するのではなく，〔共通事項〕に示されたように，形や色彩，材料，光などの性質や，それらがもたらす感情を理解したり，対象のイメージを捉えたりして，作品に対する思いや考え方を説明し合い，見方や感じ方を広げることを重要としている。また，作者が作品に込めた心情や表現したかった意図と表現の工夫を想像していく過程で，目には見えない部分である作者の思いや願い等にも気付かせたいと考えている。

「特別の教科　道徳」では，Ｄ－⑴「感動，畏敬の念」において，絵画や造形作品など美しいものとの関わりを通して，美的な情操が豊かになり感動する心が育ち，自然や人間の力を超えたものに対して美しさや神秘さを感じ，有限な人間の力を超えたものを謙虚に受け止める心を育てることが求められている。

教科の専門性が求めている価値と道徳科における価値を相互に関連させながら，美術科の中でしっかりと道徳的価値をも深めていくことは，道徳科の授業で，人間としての生き方をより深いところから見つめ直すことにつながると考える。

ワークシート（資料１）は，「浮世絵・神奈川沖浪裏」の鑑賞シートである。まさに美術科の授業で，道徳科が求めているように，話し合うことで，抽象的な言葉による理解ではなく，人間理解に基づいて畏敬の念について深く考えた実践事例である。

葛飾北斎の「浮世絵」「富嶽三十六景 神奈川沖浪裏」を使い，「美術鑑賞のための『言語マップ』」[1)]を参考にしながら，ペア同士で絵の隅々まで丁寧に読み取り，絵のどの部分から何を感じるか観察すると，作者が「なぜこの構成を選んだのか」「なぜこの色や形で描いた

〈下記の絵をよく見て，「形」「色」「構成」「音」「時間」「声」等，連想できることを，矢印を使って絵にかき込み，マッピングしよう。〉

波が手のように見える。→ 富士をつかみそう。→ 波に輪郭をつけている。

波がとても大きくて荒れている。ドーンという音。怖い。

↓

船も人も飲み込まれそう。

富士を小さく描いている

↘ でも本当は高いはず

↘ 小さいがどっしりと見える

↘ なぜだろう

波は青色で統一感がある。波のしぶきが富士に降り注いで山を目立たせている。

ここにも「富士山」があるように見えるぞ。富士にあこがれているのかな。

「助けてー。死にたくないよー。」大自然の力は人間の力をはるかに超えている。逆らえないのか。勝てないのか。　それにしても富士はびくともしていない。強い。

**資料１**

のか」等，自然と作者側の立場に立ち「作品の中に作者の心情や意図を感じる」ようになる。ものの見方や感じ方を豊かにしていくために言語活動を通じて学習を深めることは重要で，道徳科と共通している。

「作者はどう工夫して何を伝えようとしたのか？」作品の背後にある作者の制作意図に迫る学びを引き出すために，「まるで～が，～のような感じがする」等のキーワードを使って小集団で話し合う。課題を印刷した用紙をクリアファイルにはさんだワークシート（資料１）にマッピングしてまとめ，コミュニケーションツールとして活用し，今まで漠然と見ていたものの中に，造形上の特徴や表現意図が隠されていたことに気付かせる。

班員が協力して想像力を働かせ，上記のコミュニケーションシートに考えを書き込み発表することで，学級全員で作品のよさや美しさを楽しみながら，作者の制作意図に迫ることで，人間理解に基づいて畏敬の念について深く考えることができたと言えよう。

## (2)　展開例（本時学習指導案抜粋）

| 学習活動 | 発問と予想される生徒の心の動き | 指導上の留意点 |
|---|---|---|
| 1　前時の学習を振り返り，浮世絵のもつ特色を確認する。【ペア活動】 | ・浮世絵は絵師・彫り師・摺り師の三つに分業された多版多色刷りの木版画だ。<br>・大量生産できるから安価になって庶民の手に入る。<br>・美人画や役者絵，風景画があったよ。大げさに描くことや大首絵が特徴的だったなあ。 | ・浮世絵のもつ木版画表現の特色を楽しい雰囲気で正しく理解し合えるようにエンカウンター的な発表方法で行う。<br>・庶民の娯楽であった芝居や相撲，生活の様子や江戸時代の旅行ブームを思い出させる。 |
| 2　本時の目標を知る。 | **作品から感じたことを基に，「言語マップ」を活用して作者の表現意図に迫ろう** | |
| 3　作品を丁寧に隅々まで見てワークシートにマッピングする。【班活動】 | ・波が大きく舟や人が小さい。<br>・大きな波が手のようで怖い。<br>・波のしぶきが降った先に小さく富士が描かれている。<br>・一瞬の様子が制止カメラのようだ。<br>・波の色が濃い青と淡い青だ。<br>・波に輪郭線があってデザイン的な感じがする。<br>・平面的だが遠近感のある構図だ。<br>・嵐のような波が冷たく怖く感じる。<br>・ドーン，バシャーンという船がきしむ音，荒れ狂う波音が聞こえそうだ。<br>・豪快な波から迫力を感じる。反対に富士山や船や人は小さく描かれているのでのみこまれそうだ。 | ・作品を落ち着いて味わうために提示装置で拡大して見せる。<br>・班員とともに，お互いの感想を尊重しながら見つけていく態度を大切にするように伝える。<br>・発想が広がったり思考の手助けとなったりするように工夫してマッピング的な板書をし，学級全体に戻し，ペアやグループで話し合わせる。 |
| 4　マッピングした内容から，北斎が伝えたかったことを班員で話し合って想像する。 | ・荒々しい波から大自然の力のすごさを伝えたかったのだろう。<br>・驚異すら感じる波の描き方だが，そんな中でもびくともしていない富士山を表現したかったのだろう。<br>・やっぱり堂々としている富士は日本一の山だ。不思議な力を伝えたかったのだろう。<br>・大きな波とは対照的に，波に翻弄されている人って大自然の前ではちっぽけに感じるなあ。人間の力を超える自然に対して，畏敬の念が湧いてくる。<br>・あまりにも大きな力の前では謙虚な気持ちにさせられる。 | ・どのようなところからそう感じたのか，根拠を明らかにしながら，北斎が伝えようとした意図を読み取ろうとする想像力や思考力を大事にする。<br>・造形上の特徴に気付きながら表現方法の背後にある作者の意図に迫りたい。<br>・説明し合うことで，見方や感じ方を豊かにしたい。 |

### (3)　生徒の見取りから

目に見えているものから見えていない作品の奥までを観察し，説明したり発表したりする本時の学習過程は，道徳科の授業で生命の尊さや畏敬の念について話し合い，見方や感じ方を豊かにするのと同様の思考過程を感じた。また，友達と話し合う活動を通して，漠然と見ていた作品の背景に，作者が込めた思いや考えがあることに気が付いた生徒は，作者の心情や意図を想像していく作業が大変楽しそうであった。また，班活動を多く取り入れているので，遅れ気味の生徒にとっても学習課題についていきやすいという利点が見られた。

今回の鑑賞学習では，道徳的価値に気付いたり近付いたりする様子が見られたので，表現活動では，生徒一人一人が自分の心情や考えを生き生きとイメージし，それを造形的に具現化することが期待できる。

この美術科の授業と関連付けた道徳の授業は多様に構想できる。道徳の授業をベースに他の教育活動との連携を考えると同時に，各教科における学習活動をベースに道徳の授業を構想することも重視したい。そのことによって道徳の授業がより多様に，より効果的に行われることになる。これからの課題としたい。

【参考資料】

1）平成19年度　標準美術　指導資料集・評価規準表，p.50

## ２　第２学年：Ｄ－⒇　自然愛護［社会科と道徳科を関連付けた事例］

### (1)　主題について

平成29（2017）年６月に公表された「中学校学習指導要領解説　社会編」において，「身近な地域社会から地球規模に至るまでの課題の解決の手掛かりを得ることが期待されて」おり，持続可能な開発のための教育（ESD）が従前の学習指導要領から「引き続き社会科の学習において重要な位置を占めて」(p.10）と示されている。このことは,「特別の教科　道徳」においても示されており，指導に当たって「社会の持続可能な発展などの現代的な課題の取扱いにも留意し，身近な社会的課題を自分との関係において考え，その解決に向けて取り組もうとする意欲や態度を育てるよう努めること」と，新中学校学習指導要領（平成27年３月）にある。「中学校学習指導要領解説　特別の教科　道徳編」ではさらに「各教科等における学習と道徳科の指導のねらいが同じ方向をもつものである場合，学習の時期や教材を考慮したり，相互に連携を図ったりした指導を進めると，指導の効果を一層高めることができる」とある。

ここでは持続可能性を妨げる課題の一つである環境問題を取り上げ，指導の効果を高めるため，社会科と道徳の関連を図った授業を提案したい。

### (2)　実践事例（中学２年）：社会科（地理的分野）との関連を図った道徳授業の例

主題名：Ｄ－⒇　自然愛護

教材名：『ワンガリの平和の木～アフリカでほんとうにあったおはなし～』（BL出版，2010年）

**【教材について】**

教材は，2011年に亡くなったノーベル平和賞受賞者ワンガリ・マータイさんの伝記絵本である。後に「もったいない」という日本語を世界に広めたことでも知られる彼女は，1977年に祖国ケニアで女性による植樹活動「グリーンベルト運動」を始める。ところが，30年に及ぶ植樹活動も，始めた当初は周囲に理解されず，馬鹿にされてしまうことが度々あったという。また，政府の開発事業に反対したために当時の政権と対立し，何度も逮捕されてしまうという経験も。だが，そんなことがあっても，彼女が主張を曲げることはなかった。教材の中では，解決までの道のりがどんなに困難なものであろうと，最後まで環境破壊や貧困といった問題から目をそらすことなく，できることに取り組み続けたマータイさんの姿が描かれている。

環境問題と聞くと，生徒の中には「砂漠化」や「地球温暖化」などを想起し，あまりにもスケールの大きな話で，自分の力では到底解決しがたい問題だと思ってしまう者も多い。そこで，マータイさんの考えや活動から，実は自分にもできることがあることに気付かせ，生徒の実践意欲を引き出したい。

**【社会科（地理的分野）との関連】**

生徒は社会科の時間，世界の諸地域の学習（第１学年）の中で産業の発展や進む開発に伴って生じる様々な問題について考察し，その知識を身に付けている。第２学年では，「人口や都市・村落」「産業」など，様々な視点から日本の諸地域について追究し，各地域の特色や課題を理解していくのだが，「環境問題や環境保全」という視点からも学習を進めており，地域の環境問題に向き合い，環境保全をする必要性についての理解を深めている。また，同じく第２学年では，1960年代以降，我が国の海外からの木材輸入量が増えており，私たちも森林伐採に関わっていることも学ぶ。

そこで，本教材を扱う際に，社会科で２年間学習してきたことを生かすことができると考える。各国または日本の諸地域において，経済発展のために開発が進められていることや「開発がまわりの環境や人々の生活にどのような影響を与えているのだろうか」と考えたことを思い出すことにより，マータイさんが目の当たりにした問題の難しさや深刻さを押さえることができるのではないだろうか。また，社会科の時間に扱った，数々の持続可能な未来に向けた取組から，いかに困難な問題であっても自分たちにできることが必ずあるということを再確認できるのではないだろうか。今でも様々な課題が残っているが，私たちの目指す持続可能な社会の形成者は，他の「誰か」ではなく，「自分自身」なのだということを自覚できるようにしたい。

**【社会科（地理的分野）で環境問題を取り上げた学習活動例】**

| | 単元 | 学習活動 |
|---|---|---|
| 1年 | 世界の諸地域<br>「南アメリカ州」 | 経済を発展させるための開発が，地域の環境や人々の生活に与えた影響について理解し，持続可能な開発をどのように進めていけばよいか考える。 |
| 2年 | 日本の諸地域<br>「近畿地方」 | 森林のもつ多様な働きを理解し，環境保全の取組に関心をもち，その意義について考える。 |

※さらに，香川県独自に開発された環境学習教材「さぬきっ子　環境スタディ（DVD教材含む）」を活用し，身近な生活を見つめ直しながら環境問題に対する関心を高め，環境保全への意欲化を図る。

**【道徳授業展開例】**　↓

| | 学習活動 | 主な発問と予想される生徒の心の動き | 指導上の留意点 |
|---|---|---|---|
| 導入 | 1　写真を見て，森林伐採の影響について確認する。 | ○何があったのだろう。これから，どうなるのだろう。<br>（社会科の時間に学習したことを思い出そう。）<br>・森林伐採<br>→・砂漠化が進む<br>・地球温暖化が進む<br>・野生の動植物が減少する<br>・肥沃な土壌が流される<br>→農産物の生産減少<br>・自然環境に適応した人々の生活 | ・自然環境や野生生物を背景にした写真と，砂漠化を捉えた写真を提示する。<br>・写真を基に，環境の変化を問う。<br>社会科との関連<br>・社会科（地理的分野）での既習事項から，森林伐採が環境や人々の生活に与えた影響につ |

| | | | |
|---|---|---|---|
| | | がおびやかされる<br>→貧困の拡大<br>・薪が不足する<br>→女性の負担が増える<br><br>・開発と環境の保護を両立させることは難しい | いて確認させる。<br>・既習事項から，日本は（近年減少傾向にあるものの）依然として海外から木材を輸入していることも想起させる。自分たちも森林伐採に関わっていることに気付かせ，当事者としての意識を高める。 |
| 展開 | 3　マータイさんたちの活動を支えていたものは何か，考える。 | ○役人に笑われたり，「女なんかにできっこない」と言われたり，投獄されたりしたとき，どんなことを考えていただろう。<br>・もういやだ。やめてしまおうか。<br>・どうして分かってくれないの。<br>・ここでやめてしまったら，村の女性たちやこの土地はどうなるだろう。<br>○木がなくなっていた土地に，3000万本もの木が育ったとき，マータイさんは何を思っただろう。<br>・私たちの土地に，大切な緑を取り戻せたから，村の女性たちのくらしがよくなっていく。<br>・つらいときもあったけど，思い描いてきた光景が，今，目の前にあることがうれしい。 | ・マータイさんたちの活動をよく思わない人や，馬鹿にする人がいたことにも気付かせる。<br><br>・どんなに小さなことでも，今，自分にできることは何かと考えさせ，実行することの大切さに気付かせる。 |
| 終末 | 4　『私たちの道徳』p.217に記入する。 | ○自分にできることは何だろう。 | 社会科との関連<br>・自分にできることを考えさせ，持続可能な社会づくりに向かう社会参画意識を一人一人にもたせる。 |

終末で「自分にできること」を考えさせた後，マータイさんがノーベル平和賞を受賞したときのスピーチの一部「I have always believed that solutions to most of our problems must come from us.（私たちの問題の解決策は，私たちから発せられなければならない。）」を紹介し，余韻を残して終わるのも効果的である。

### (3)　持続可能な社会づくりに向けて

環境問題を扱った道徳教材は，この他にも数多く開発されているので，今後も各教材のもつねらいに迫るため，実践を積み重ねていかなければならない。

ここで提案した授業は一例にすぎないが，以上のような社会科と道徳における一連の学習を通して，環境保全に対する意識の深まりとともに，持続可能な社会を実現しようとする具体的な行動につながっていくことを期待したい。

【参考文献】

○ジャネット・ウィンター『ワンガリの平和の木～アフリカでほんとうにあったおはなし～』BL出版，2010年

## 3　第３学年：Ｃ－⑽　遵法精神，公徳心［道徳科を中心に社会科や学級活動等と関連付けた事例］

### (1)　構想のポイント

より効果的に道徳的価値を深めるため，以下のような単元構成例を紹介する。単元の共通のテーマを「きまりを守る」とし，核となる道徳の授業では「二通の手紙」を扱う。道徳の授業前には社会生活における「きまりの意義」を学習し，「なぜきまりを守るのか」と課題意識をもつ。授業後には「きまりは守るべきものなのか」との発展的な課題の下，身近な事例を基に「きまり」のもつ役割を考えていく。さらに生徒自身の生活を振り返り，よりよい生活を送るための「きまり」の在り方を考える。そして，生活の改善に向け，生徒自身が「自分たちのきまりをつくる」ことを通し，「きまり」にはどんな意義があるのかを再度確認することで，道徳的価値がより深まると考えた。

### (2)　単元構想：「きまりを守る」ことについて考えていこう

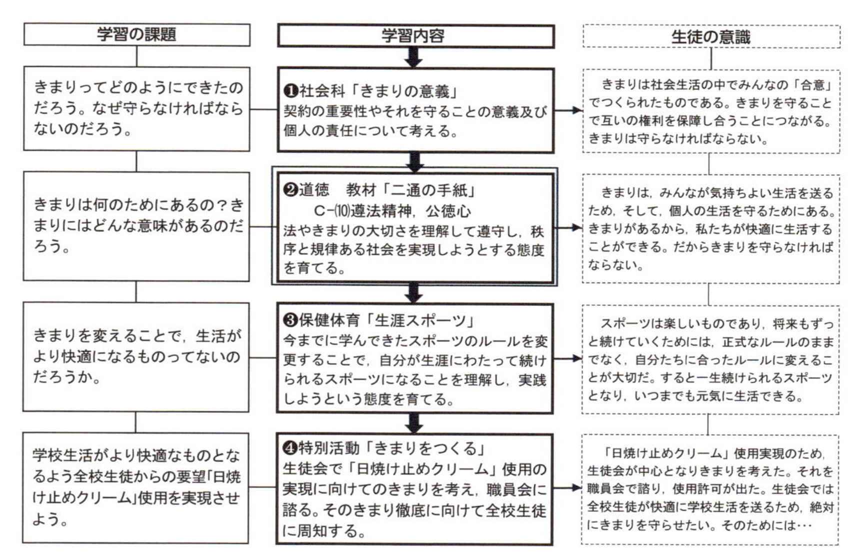

| 学習の課題 | 学習内容 | 生徒の意識 |
| --- | --- | --- |
| きまりってどのようにできたのだろう。なぜ守らなければならないのだろう。 | ❶社会科「きまりの意義」<br>契約の重要性やそれを守ることの意義及び個人の責任について考える。 | きまりは社会生活の中でみんなの「合意」でつくられたものである。きまりを守ることで互いの権利を保障し合うことにつながる。きまりは守らなければならない。 |
| きまりは何のためにあるの？きまりにはどんな意味があるのだろう。 | ❷道徳　教材「二通の手紙」<br>Ｃ－⑽遵法精神，公徳心<br>法やきまりの大切さを理解して遵守し，秩序と規律ある社会を実現しようとする態度を育てる。 | きまりは，みんなが気持ちよい生活を送るため，そして，個人の生活を守るためにある。きまりがあるから，私たちが快適に生活することができる。だからきまりを守らなければならない。 |
| きまりを変えることで，生活がより快適になるものってないのだろうか。 | ❸保健体育「生涯スポーツ」<br>今までに学んできたスポーツのルールを変更することで，自分が生涯にわたって続けられるスポーツになることを理解し，実践しようという態度を育てる。 | スポーツは楽しいものであり，将来もずっと続けていくためには，正式なルールのままでなく，自分たちに合ったルールに変えることが大切だ。すると一生続けられるスポーツとなり，いつまでも元気に生活できる。 |
| 学校生活がより快適なものとなるよう全校生徒からの要望「日焼け止めクリーム」使用を実現させよう。 | ❹特別活動「きまりをつくる」<br>生徒会で「日焼け止めクリーム」使用の実現に向けてのきまりを考え，職員会に諮る。そのきまり徹底に向けて全校生徒に周知する。 | 「日焼け止めクリーム」使用実現のため，生徒会が中心となりきまりを考えた。それを職員会で諮り，使用許可が出た。生徒会では全校生徒が快適に学校生活を送るため，絶対にきまりを守らせたい。そのためには… |

### ①　社会科「きまりの意義」の学習

社会科公民分野で，現代社会の中で私たちが幸せに生きるために必要な社会の枠組みやきまりについて学ぶ。そこでは「きまりの重要性やそれを守ることの意義，さらに一人一人の責任」を考える。きまりがなぜできるのか，どのようにしてできるのか，きまりは私たちの生活の中でどのような役割を果たしているのか，具体例を出しながら話し合う。次のような学習を行った結果，きまりの意義について理解が深まると考えられる。

**「トラブル発生！」その解決方法を探ろう**
日常生活で起こる現象から「効率と公正」「対立と合意」の意味を知り，社会の枠組みを捉える。

→ **課題を解決しよう**
「効率と公正」「対立と合意」の観点で話し合い，具体的な課題を解決する。

→ **きまりを守る？　変える？**
状況の変化からみんなでつくったきまりを変えるべきかどうか，話し合うことで解決する。

**課　題**　ある自治会のごみおき場には，きまりがある。しかし「ごみを出す日」や「掃除」についてのきまりが守られていない状況である。このごみおき場のきまりを変えるべきか。それとも守るべきか。

**ごみおき場のきまり**
**○ごみは決められた日の朝に出す。**
**○２週間交代で，毎日，住民が掃除をする。**
**○ごみの残りや悪臭が出ないよう気を付ける。**

○きまりを守れていないのは，このきまり自体を知らない人がいるのかもしれない。だからもう一度自治会全体で確認するべきである。
○２週間交代をきちんと意識できるようバトンパスみたいなものをつくる。
○きまりを守るならごみ出しOK，守れないならごみ出し禁止にする。
○朝にごみ出しをするが，朝は慌ただしいから前日の夜からにしては？
○ごみをきちんと出すのは当たり前のマナー，だからきまりを変える必要はない。
○毎日掃除をするのが２週間続くのは……。期間を少し短くしてはどうか？

きまりは私たちが協力して社会生活を送るためにあること，合意形成によるきまりを守る責任があること，きまりを守ることで集団の中で互いの権利が保障されていることなどに生徒は気付いた。

### ②　「きまりの意義」を理解し，道徳の授業で問題解決的な学習を展開

社会科での学習後に，「二通の手紙」を使って，内容項目Ｃ－⑽遵法精神の学習を行う。今日の道徳の授業では「きまり」を中心に考え

ると生徒に伝え，授業の初めにきまりの例を示すことで，社会科での学習を思い出し，自分の考えを振り返るようにする。そして，社会科で考えたことを基盤に「きまりは何のためにあるのか」を課題として，「きまりを守る」ことを授業の柱に，次のように授業を展開した。

| | 学習活動 | 予想される生徒の心の動き |
|---|---|---|
| 導入 | 1　私たちの身の周りにある様々なきまりの例を示す。 | ・社会生活をするのだから交通ルールを守るのは当たり前。でも守らない人もいる。<br>・校則は厳しい，なくなればよい。<br>・部活動のための体育館の使用ルールは必要。<br>・みんながうまくいくためルール改正もする。 |
| 展開前段 | 2　資料を読んで考える。<br>(1)　資料の中で，元さんは何をしたのか。 | ・元さんが園のきまりを守れなかった。<br>・元さんが姉弟を喜ばせるために入園させた。 |
| | **「きまり」って，何のためにあるの？** | |
| | (2)　もし，自分が元さんと同じような立場になったなら，どうするのか。<br>**ここでは自由に発言させ，クラス全体で意見を交流する。生徒から本音が出てくると思われる。それに対する発言を教師はうまく導いていく。** | ・きまりを守る。解雇されるのは嫌だから。<br>・きまりは守る。入園は断り，姉弟の母に連絡して，別の日に来てもらうようにする。<br>・きまりは守らないといけないのは分かる。でも元さんと同じように姉弟を入園させる。今日は姉弟にとって特別な日だから。<br>・きまりを変える提案をする。入園終了時刻が少し早い気がするから，きまりを変える提案をする。でも変えられるのか疑問？<br>・きまりを守れない。姉弟を動物園で遊ばせてやりたいから。 |
| | (3)　きまりは守らなくていいものか。<br>**きまりに対する生徒の考えを見つめ直させる。** | ・きまりはみんなの合意で決めたものだから，守るべき。<br>・みんなが動物園を楽しむために決めたものだから，きまりを守らないといけない。<br>・元さんのように守れない事態が発生するかもしれないが，守らなくていいきまりはない。 |
| 展開後段 | (4)「万が一事故にでもなっていたらと思うと……」元さんはどんなことに気が付いたのか。<br>**元さんの晴れ晴れとした表情についても少しふれる。** | ・個人的な感情できまりを破ってしまったが，本来きまりは簡単に個人で変えることができないもの。きまりがもつ重みを本気で実感した。みんなが決めたという重み……。<br>・子供たちに何事もなかったからよかったが，もし事故になっていたらと思うと，自分の行為と事故とが背中合わせだった。自分がやってしまった行為の浅はかさに気付いた。 |

| | | |
|---|---|---|
| | | ・自分のしたことはとんでもないこと。しかししっかりときまりを守れる動物園に勤められたことを誇りに思う。 |
| 終末 | 3　授業を振り返る。 | ・きまりがあると安心して動物園で過ごせる。<br>・きまりは，動物園，お客さん，動物園で働く人を守っている。それだけ，重みがある。<br>・きまりは，動物園に来る人たちの笑顔を引き出せる。守ると幸せ，守らないと不幸。 |

きまりを守るのは合意形成の上だから当然であるが，きまりに関わる人（動物園の関係者，お客さん等）みんなが楽しく快適に生活を送るためにきまりを守るとの意見も出てきた。社会科での「効率」という考え方から「心情」にも焦点を当て直し，考えを深められた生徒もいた。では，動物園ではきまりを変えるのは難しいが，より快適な生活を求め，「状況に応じてきまりを変える」ことはできないのだろうか。

**③　保健体育科「生涯スポーツ」につなぐ**

保健体育科で，自分が生涯を通して取り組める「生涯スポーツ」の学習を行う。まず，一生楽しめるスポーツとして球技を例に，長く球技を続けるため，一人一人の生活や年齢に応じたルール変更の必要性に気付くようにする。その後，自分が健康な生活を送るために一生続けられる球技を選び，その球技を正式なルールのまま行うのは困難であることを確認し，誰にでもできるルールを考える。そして，変更したルールで実際に球技を行い，誰でも気軽に，楽しく行えることを体験し，ルール変更が意味のあることを知る。さらに総合的な学習の時間を通して，地域の人に自分たちのルールを紹介し，実際に試し，感想を尋ねる。地域の人に感想を伺う中で，生徒はルール変更の意義を価値付けていた。

**④　学校生活全体（生徒会活動）につなぐ**

全校生徒からの「日焼け止めクリーム使用」の要望を実現するため，生徒会が主体となり，きまりづくりを行う。全校生徒が快適な学校生

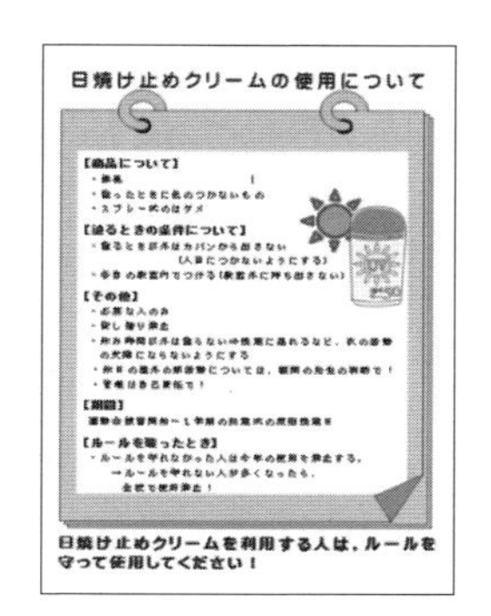

教室掲示

活を送るために，日焼け止めクリームの必要性や使い方等「こんな場合は…あんな場合は…」と様々な場合を想定し，きまりを練り上げる。決定したきまりを全校生に周知し，守るための教室掲示も作成する。「自分たちできまりをつくることができた！」と自信をもったり，きまり自体がもつ便利さに気付いたりする生徒が多く見られた。「きまりがあるのは便利，ないと不便，なぜなら自分で判断しないといけないから」「きまりがあると，それを守るだけでよいから楽」等の声が上がり，きまりのもつ意義を実感した。

以上，教科等横断型の単元的授業づくりについて，道徳科を要として，中学校における教科の専門性を生かした単元的授業づくりや，教科と道徳科の特質を生かした相互補完的な授業づくり，複数の教科等の指導で道徳的価値を深める単元構成による授業づくりを紹介した。

# 第５節
# 生徒が課題を追究していく総合単元的道徳学習

グローバル化や科学技術の進展，かつてないスピードで進む少子高齢化，21世紀は将来の変化を予測することが困難な時代と言われている。そんな時代にあっても，子供たちには，よりよい人生を送るために，この社会が抱える様々な問題と向き合い生きてほしい。環境，幼児（児童）虐待，高齢者の介護問題など，これらの問題は近い将来，必ず一人一人に関わってくる。子供にとって関心のある課題追究を柱とした，総合単元的な道徳学習を展開することで，自己を見つめ，よりよい生き方を目指し，問題に立ち向かっていけるものと思いこの学習を展開した。

## １　総合単元的道徳学習プログラムのポイント

総合的な学習の時間等と連携し，心に響く道徳授業を展開するためのポイントは，下記のとおりである。

○将来，社会を構成していく一員として，豊富な情報が詰まっている新聞を生かした道徳の授業。
○様々な問題の原因や解決のための予測，追究には，多面的・多角的に考え，対話する過程が大切。そのための調べ学習の実施。
○生徒の実態を踏まえ，課題（幼児虐待の場合は家族，親子など）について考えるにふさわしい道徳教材の収集・選定。
○本音で語れる学級づくり，多様な考えが引き出せる協働学習。

## ２　総合単元的道徳学習プログラム　実践例　課題の追究を目指して

**【テーマ】**

「未来をリードするために，今，社会が抱える問題を見つめよう！」

**【ねらい】**

現在の日本が抱える様々な問題を学ぶとともに，この問題を自分が，今，そして将来どのように向き合ったら（解決していったら）よいのかを考え，できる一歩を踏み出そう。

**【指導計画】**　３年生10時間扱い（総合の時間８＋道徳の時間２）

①　今，社会が抱える様々な問題から気になる記事を切り抜き，コメントをつけた切り貼り新聞を作成する。（総合２）

②　みんなの新聞記事をカード化，カードを基に社会の問題を分類しタイトル（環境，福祉，人権など）を付ける。（総合２）

③　社会の様々な問題の中で，クラス全体で追究したい課題を決定する。（学活，帰りの会）

④　身近でかつ関心が高い幼児（児童）虐待に取り組むことを決定，新聞や本，インターネットなどを使い調べ学習。（総合２）

⑤　実際にこの問題に関わって活動している専門家や役所，団体等を調べる。できれば家庭や地域の生の声も。（総合２＋宿題）

⑥　「幼児虐待」の課題について自分たちはどう向き合うべきか，原因・解決策について，調べたことを生かし予想を立てるとともに，解決の道しるべを模索する。（道徳１　展開その１）

⑦　教材『がまん』（中学生の新しい道）Ｄ－(22)よりよく生きる喜び　障害のある６歳の息子と父親の話。（道徳１　展開その２）

社会がかかえる問題

「出会い系」に潜む危険

文字情報に過剰な期待

犯罪へのバリア低下

車内で母待つ1歳死亡

木につるし8歳死なす

仏壇のどら焼き食べた

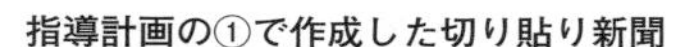
指導計画の①で作成した切り貼り新聞

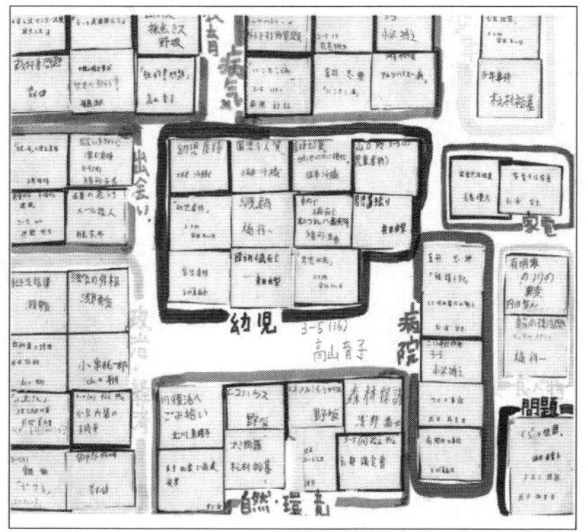

指導計画②記事をカード化し分類

新聞を切り貼りしてのスクラップを日常の中に取り入れている生徒もいるが，子供たちにとって新聞と向き合う時間は多くはない。新聞を生かした学習を通して，少なくとも世の中には環境，情報，人権など様々な問題が山積していることに気付いたと思う。また，何を問題と捉えるのか，一人一人の問題意識や価値観の違いも再認識することができた。

## 3　道徳の時間を通して　その1〔予想を立てて考えてみよう！〕

切り抜き新聞や調べ学習から，この問題の原因は何なのか。そして解決への手立てはどこにあるのかをじっくり考え，追究する中で解決策を模索する。

幼児（児童）虐待のカテゴリーの分類で集められた新聞記事

●木につるし８歳死なす　●車内で母待つ４歳死亡　●殴られ４歳死亡　●虐待対策，カウンセリングの強化　●男児置き去り　●園児を人質　●男児水死　●乳児の虐待

新聞記事＋調べ学習→（問題の原因と解決策の予想を立てる）
個人の予想→班での話合い→学級全体へ班の解決策を紹介→まとめ

原因　なぜこのような問題が起こっているのだろうか。

○子供にあたる親が増えて限度を超してしまう。子供が泣くのは当たり前なのにがまんできない親がいる。自分より立場の弱いものを虐待してストレスを発散させているから。
○まだ，大人になりきっていない（精神的に）のに，子供を産むから。子供を愛する気持ちがなくなっているから。
○昔は，親や祖父母など身近に，または近所に子供の育て方を教えてくれる人がいたけど，今は核家族で１人で抱え込んでしまうからこんなことが起きている。
○自分も子供のときに虐待を受けていたから，虐待をしてしまう。

解決策　どうしたら解決への道へ向かっていけるのだろうか。

○虐待をした親の罪を重くする。
○自分で直せなかったら，周囲の人や相談所みたいなところに相談すればいい。しかし，その相談所も今，問題になっているから，やっぱり頼れるのは親族だと思う。
○児童相談所の人が虐待をしそうな人に目を光らせて，カウンセリングを強化した方がよい。
○子供を育てるときには自分の母親と一緒に住むとかすればいい。母親だけでなく，父親も子育てに協力する。

○自覚をもって子育てするために，子供の大切さを分からせる。

仕事・組織　この問題を解決しようと様々な人，仕事（職業），組織があると思います。どのようなものがありますか。

○児童相談所　○カウンセラー（カウンセリング）○児童福祉士

○赤ちゃんポスト　○市役所（子育て支援課）　○保育園

「目の中に入れても……」「子はかすがい」などと，子供を思う親の愛情は深いはずなのに，虐待は何を物語っているのか。虐待という課題に，子供たちは，今ある知識を基に知恵を絞って解決の道しるべを模索した。自分の生き方に関わる問題，との意識をもつことはできたが，社会･行政との連携を視野に入れた話合いまでには至らなかった。深まりはもう一歩である。しかし，情報社会にあって解決のための知識・情報を手に皆でともに考え，対話できたことは大きい。

## 4　道徳の時間を通して　その2〔さらに考えを深める道徳の授業〕

**【教材】　D－⑵2　よりよく生きる喜び［『がまん』（中学生の新しい道　3年生・千葉県）］**

本教材には障害のある子供を抱えた家族が描かれている。同時に1人の父親の生き様がクローズアップされている。「人生は山あり谷あり」，逃げ出したくなるときも自暴自棄になるときも。この授業を通してまず，幼児（児童）虐待の危機は誰にでもあると押さえたい。なぜなら，一人の人間としての生き方が全ての原点であるから。

（教材のあらすじ）

一郎は6歳になっても会話のできない少年。両親は一郎に何とか言葉を学ばせようと必死だった。ある日，お菓子を食べ続ける一郎に父親はがまんのサインを教える。だが，一郎は分かってくれない。
　そんな父親に数日後，ガンが宣告された。こんな子をもつ自分がよりによってガンとは，自暴自棄になり酒におぼれ泣き崩れる父親。そのとき傍らにいた一郎が，がまんのサインを父親に送るのだった。

（授業の概要）
　導入では，この教材を読んでの感想，印象に残った場面を発表する。幼児虐待を課題にしているので，一歩間違えたら虐待につながるとの感想も多く挙げられた。

発問

　①　６歳になっても人と会話できない子供をもった親の気持ちは？
　②　一郎に「がまん」のサインを教える父親が，ガンを宣告されて荒れる父親となっている。そんな父親をどう思う。
◎③　一郎の「がまん」のサインに大粒の涙を流す父親，なぜか。
　＊今日の授業で自分なりに考えたことや気付いたことは何か。

生徒の意見　①では父親に共感的な考えが目立つ。
　・何で自分の子供が……神様はひどい。
　・どうして一生懸命教えているのに覚えられないのか。
　②の発問に対する意見は大きく三つに分かれた。
　Ａ　普通の親が荒れる父親に，だめだもっとしっかりして。（15人）
　Ｂ　なんとも言えない。（12人）
　Ｃ　父親は頑張っていた。荒れるのは仕方ない無理もない。（10人）
　③の発問にＡ・Ｂ・Ｃと答えた生徒の意見は？
　Ａタイプ：今の自分の行動は大間違い。「がまん」を一郎に教わっている。もっと前向きに生きなくては，父親こそ「がまん」だ。

Ｂタイプ：諦めずに頑張ればいいことが，一郎と一緒に頑張る。

Ｃタイプ：前に教えたときはできなかった。でも「がまん」を覚えていてくれたんだ。「がまん」を教えてくれるとは。

＊父親に厳しい目を向けたＡのタイプは父親の涙に，自らの至らなさを感じ悔いている。父親に寛容なＣタイプは，父親の涙に一郎の成長の喜びを重ね合わせている。登場人物の言動一つを捉えても生きる喜びの感じ方は様々，親子の葛藤や虐待を語る前に，我が子であっても一個の人間，自己の生き方が問われるのだと気付いてほしい。

生徒の感想

○この父親は酒を飲んでいた。あと一歩で虐待につながったかもしれない。でも一郎のおかげで目を覚まし，これから頑張ろうと思えた。ここが虐待をしてしまう親との違いだと思う。子供次第，親次第である。幼児虐待が増える中，こういう家族もあるんだなと思った。できることなら私も将来，こんな家庭ができたらと思う。

## ５　総合単元的道徳学習の展望

総合単元的道徳学習のプログラムで学んだ「幼児（児童）虐待」の問題。簡単に解決することではない。しかし，素直に「なぜなんだろう？」という疑問からスタートし，追究の学びができた。

考えを深めるにしろ，自己の考えの根拠となる柱がなければ，思考は低迷する。総合的な学びが構築できなければ難しい。障害にしろ環境にしろ，目の前に存在する問題は人間である以上，どこの誰にあっても無関係ではいられない。と，道徳の時間から学んでいる。原点は個，必ず自己に関わると。しかし，これからの社会，未曾有の課題には，人間の叡智を結集し向かわなければならない。そのためにも，「特別の教科　道徳」を要とした総合単元的な道徳学習が欠かせない。

総合単元的道徳学習こそが，未来を切り拓く鍵である。教育課程等の様々な扉を開き，豊かな発想の下，斬新なプログラムを組み立てて臨みたい。

# 第６節
# 「特別の教科　道徳」のオリエンテーション授業

## 1　授業について

「特別の教科　道徳」のオリエンテーションをどのように行えばよいか。どの教科においても，年度初めに，オリエンテーションを行い，身に付けてほしい力や評価についての説明等をしており，それは，生徒が１年間の見通しをもつことで，意欲的に取り組むという効果があると考えられる。また，一般的に中学生は，道徳の時間への関心・意欲が高くはない。その理由として，以下の二つが考えられるのではないか。

①　授業が魅力的なものになっていない。

②　道徳で学ぶこと，学ぶ意義を理解していない。

このうち②を解消するために，他の授業と同様にして，道徳の授業のオリエンテーション授業を提案する。そうすることで，生徒が授業の大切さや必要性に気付き，自ら進んで学ぼうとする姿勢が生まれるのではないかと考えた。以下，その実践を紹介する。

## 2　実践について

### (1)　主題名

A－(3)　向上心，個性の伸長［自分だけの道徳ファイルを作ろう］

### (2)　教材名

「特別の教科道徳の第２に示す内容の学年段階・学校段階の一覧」(文

部科学省ＨＰ）

### (3)　主題設定の理由

#### ①　ねらいとする価値について

いじめ問題や犯罪の低年齢化などが社会現象とも言える今日，今の生徒たちが抱える心の問題は多いと考えられる。しかし，生徒たちは自分の心について考えたりすることは，滅多にないであろう。そこで，具体的に自分の心を分析することで十分に育っている部分，また，そうでない部分に気付くようにしたい。そうすることで，これから自分なりにどのようなことを大切にしていくか，それぞれの個性に合わせた目標を見つけ，さらにそれを達成していこうとする向上心を育みたい。

#### ②　資料の活用について

本資料は，「特別の教科　道徳」の内容項目の一覧で，発達の段階に応じて求められる道徳性がまとめられているものである。また，自分との関わり，人との関わり，集団や社会との関わり，生命や自然，崇高なものとの関わりと大きく四つの関わりについて，生徒の心の広がりに合わせて順番にまとめられている。

他教科でも，これからどのような内容を勉強していくかについて，ガイダンスが行われるのと同様に，「特別の教科　道徳」でも学ぶ内容の全体像を把握しておくことで，より興味をもち前向きに授業に臨んでくれることが期待できる。それと同時に，分類された表と，今の自分の心を照らし合わせることで，より具体的な課題をもつことができると考えられる。

さらに，そこで感じた課題や理想像を道徳ファイルの表紙に絵やメッセージとして残しておくことで，常に自分との会話（内省）ができるようになる。そして，毎時間の自分の心の動きをファイルに蓄積していくことで，振り返りができ，自分で自分の伸びや成長を評価することもできるようになる。また，自作のファイルとすることで愛着がわき，より道徳への関心や意欲が沸いてくる効果も期待できる。

これらを教師と生徒との心の架け橋として活用し，毎時間，その時々に自分の個性に合った課題を見つけ出し，努力して改善していこうとする向上心を育んでいきたい。

### ③　本時のねらい

自分の言動に責任をもち，最後まで筋を通して，よりよく生きようとする態度を育成する。

### ④　学習過程

| | ・学習活動<br>◎主な発問 | ・生徒の心の動き | ○指導上の留意点<br>☆評価の観点 |
|---|---|---|---|
| 導入 | ◎道徳って何を学ぶの？ | ・心構え<br>・心を育てる<br>・人との付き合い方 | ○和やかな雰囲気で<br>○生徒の意識の確認 |
| | ◎今までの授業ではどんなことを学んだ？ | ・愛，友情，思いやり，人権，生命尊重 | |
| | ◎道徳で学ぶ内容項目っていくつあるのかな？ | ・10～30個ぐらい | ○個数や，具体的な内容を挙げてもらう |
| 展開 | ・プリントを配布し，正解（四つの視点22項目）を確認<br>◎これらの項目を見てどう思いますか？ | ・多い!!<br>・言われてみればあるなぁ<br>・なんでこの項目なんだろう<br>・他にもありそう | ○関わりを深め豊かにすることが，よりよく生きることであり，そのために価値を身に付けることの確認 |
| | ◎どれも大切だと思うが，あえて一つだけ選ぶとしたら，どの項目が一番大切だと思いますか？ | ・友情・信頼<br>・思いやり・感謝<br>・家族愛<br>・生命の尊さ | ☆自分の個性に合わせた内容項目を選ぶことができたか<br>○どれもが大切，あえて自分ならということを押さえる |
| | ・理由を発表し合う<br>・意見を聞いて，周りの生徒にも考えを聞く | ・確かに大切<br>・○○の方が大切だよ<br>・自分と一緒だ | ☆他者の意見を尊重することができているか<br>○どの意見も尊重するように |
| | ◎改めて，あえて一つ選ぶ項目を決定する（挙手で確認） | ・周りや先生の例を参考にして，自分のイメージをさらに膨らませる | ☆他者の意見を尊重しな |

| | | | |
|---|---|---|---|
| | ・決定した項目に関わる格言やイラストを描く（グループ活動） | | がら，自分の考えを再構築しているか<br>○どの意見も個性として認めて，楽しい雰囲気で取り組ませる |
| 終末 | ・ファイルの表紙に貼り，互いに見せ合う<br><br>・教師説話<br><br>・授業の感想を記入し，発表 | | ○選んだ項目だけでなく，どの項目も大切である<br><br>○このファイルに自分の考えたことを残していき，道徳を深めていくように励ます |

## ⑤　事前事後の工夫

| | 教師 | 生徒・保護者 |
|---|---|---|
| 事前 | ・担任との打ち合わせ<br>・グループ分けの確認 | ・持ち物の確認（辞書，色鉛筆等） |
| 本時 | ・道徳ファイルの作成 | |
| 事後 | ・毎回，道徳ファイルでプリントを提出 | ・貼った絵や文字で思いを確認<br>・ファイルを保護者が学期ごと確認 |

## ⑥　板書計画

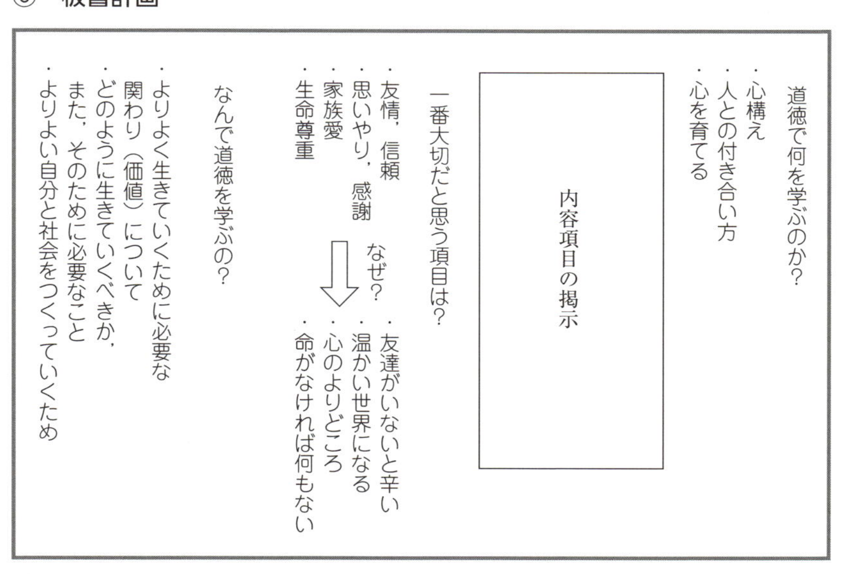

## 3　考　察

まず，導入部分で内容項目についての説明や，道徳を学ぶ意義について話をしたが，生徒は興味をもって聞いていた様子であった。初めのうちは，「項目数が多い」と言っていたが，「どれを削る？」と聞き返すと「削れない」「どれも大切」と答え，これから自分が学んでいくべきことの大切さを意識することができた。また，自分の中で最も大切だと思う項目を選んだあと，他の項目との関わりも考えた。例えば，「友情」を選択した生徒の場合，友達への「感謝」，友達を守るときに「勇気」が必要，友達と過ごした思い出の場所として「郷土愛」など，その項目を中心に広がることに気付き，どの項目を選んだとしても，最終的に道徳性を育むという視点から見れば同じであるということも確認した。

参観した先生からは「教科でも，ガイダンスを行うので，道徳でも行うことも必要だし，よいと思った。生徒もこれからどんなことを学んでいくのかを理解でき，見通しをもって今後の授業に臨める」という感想をいただいた。

この授業を実践してみて，生徒自身が道徳の授業をする意味をきちんと理解してくれたように感じた。中学生は，道徳がよりよく生きていくために大切であるということは重々承知であり，今までは「そんなことは知ってるよ」と退屈であったように思う。それが，道徳的価値同士の関わり合いに気付き，自分の一番大切に思う価値観から他の価値観へと派生していくことも理解した。そのことで自分の心の指針をもつことができ，そのことを中心に物事を考えていこうとするなど意識が高まったように感じた。

また，終末では，自分が最も大切にしていきたい内容項目を選択し，その項目にちなんだ挿絵や詩を書いたカードを作成した。このカードを道徳ファイルに貼ることで，生徒たちは，自分の理想の生き方を常に意識することができ，よりよい生き方を探究する心の支え・思考の支えとなっていった。

右に紹介するものは，実際に生徒が描いたカードである。

このようなオリエンテーションを通して1年間の道徳の授業を生徒自身の中で充実させることができるし，この道徳ファイル（道徳ノート）を自分の心の成長記録として一生の宝物にしていくことができる。

**道徳について考えよう**

**年　　組　　番　氏名**

Ａ）主として自分自身に関すること
①自主，自律，自由と責任　②節度，節制　③向上心，個性の伸長
④希望と勇気，克己と強い意志　⑤真理の探究，創造

Ｂ）主として人との関わりに関すること
⑥思いやり，感謝　⑦礼儀　⑧友情，信頼　⑨相互理解，寛容

Ｃ）主として集団や社会との関わりに関すること
⑩遵法精神，公徳心　⑪公正，公平，社会正義
⑫社会参画，公共の精神　⑬勤労　⑭家族愛，家庭生活の充実
⑮よりよい学校生活，集団生活の充実
⑯郷土の伝統と文化の尊重，郷土を愛する態度
⑰我が国の伝統と文化の尊重，国を愛する態度
⑱国際理解，国際貢献

Ｄ）主として生命や自然，崇高なものとの関わりに関すること
⑲生命の尊さ　⑳自然愛護
㉑感動，畏敬の念　㉒よりよく生きる喜び

(1)　一つだけ選ぶとしたら，どの項目が一番大切だと思いますか？　また，その理由は？

(2)　周りの人の意見も含めて，改めて一つ選びましょう。

＊授業を通して学んだことを書こう。

# 第７節
# 学期末に道徳の授業について振り返り事後指導に生かす取組

## 1　構想のポイント

「特別の教科　道徳」で最も不安なことは，評価ではないだろうか。教科教育である以上，指導に関わる評価がしっかりと求められ，曖昧な指導は許されない。

筆者が，「学期末に道徳の授業について振り返り事後指導に生かす」取組を実施したことには二つの目的がある。一つは「特別の教科　道徳」の評価の方法に役立たせたいと考えたからである。もう一つは，道徳の授業の指導を苦手とする教師に，取り組む意欲をもってほしいという願いからである。

## 2　道徳の授業における諸課題

中学校では，年間35時間の道徳の授業が位置付けられている。中学校の教員の中にも道徳の授業についての思いは様々で，資料や指導方法を駆使して道徳の授業に積極的に取り組んでいる教師よりも，どちらかと言えば消極的に授業を行う教師が多いのではないかと感じる。また，生徒も道徳の授業で学習したことが，「役に立つ」「授業は楽しい」等前向きに捉えることができる生徒もいれば，「また道徳の授業か……」と消極的に捉える生徒も少なくない。

このように，中学校における年間35時間の道徳の授業を苦手であると感じている教師も生徒も多いと考えられる。このような状況を，

「特別の教科　道徳」が設置された学習指導要領改訂を機会に何とか変えることはできないかと考えた。

## ３　学期末の振り返り評価の実践

### (1)　目　的

下記の目的のために振り返り評価を実施した。

①　自分を見つめ直す機会となるようにする。

②　生活に生かそうと意識できるようにする。

③　教師の授業の在り方等を見つめ直す機会とする。

### (2)　長崎県西海市立西彼中学校（３年）の取組

３年生の教師は５名である。道徳の授業を担任にのみ任せるのではなく，学年及び学校全体で取り組む教育活動として位置付けている。５名の教師が，各自の関わり方で道徳の授業にアプローチしている。以下に「学期末の振り返り評価」の実践手順を記す。

①　輪番制で道徳の授業の教材を提案する。

②　教材を学年職員に配付する。必要な場合は，授業の進め方など検討する。

③　学級担任または資料を提案した教師で授業を行う。

④　配付した資料や活用したワークシート等は，全て道徳ファイルに綴じさせる（ポートフォリオとして，後日活用するため）。

⑤　振り返り

ア　振り返りシート（資料１）を配付する。

イ　生徒は，道徳のファイル（上記④）を見直しながら，ワークシートに記入する。

ウ　ワークシートの集計を道徳担当教師が行い，結果を学年で共通理解する。

⑤の振り返りの時間は，生徒が自分自身を見つめ直す機会としてと

平成 29 年度　１学期３年道徳の授業を振り返ろう

組　　　氏名

**１　道徳の授業で学習した内容**

＊道徳のファイルを見ながら書こう！

| 日時 | 資料や題材名 | 道徳的価値 | 印象に残ったこと・どんな授業だったか |
|---|---|---|---|
| ４月19日 | 愛校心　体育祭 | 愛校心をもつ | |
| ５月２日 | | | |
| ５月24日 | | | |
| ５月31日 | | | |
| ６月７日 | | | |
| ６月14日 | | | |
| ６月21日 | | | |
| ６月28日 | | | |
| ７月５日 | | | |

**２　印象に残った道徳の授業　ベスト３**

| 位 | 資料・題材 | 理　由 |
|---|---|---|
| 1 | | |
| 2 | | |
| 3 | | |

**３　１の表の中で，あなたが地域や学校・家庭で実践した道徳的な言動について書いてください。**

**また，どのような行為をして実践したのか，書いてください。**

| | 道徳的価値 | 何をして生かすことができたのか |
|---|---|---|
| | （例）人間の強さ | 嘘をついて信頼を落としてしまったので，ひたすら自分ができる「ひとのためにできること」を行った。 |
| 1 | | |
| 2 | | |
| 3 | | |

**資料１　振り返りシート**

ても重要である。

**【生徒のつぶやきより】**

生徒「この日の授業って何をしたんだっけ？」
生徒「この授業の道徳的価値ってこれだったんだ！」
生徒「しまった！　この授業のプリントがない！　どこへやったんだ」等

しっかりと時間を確保し，これまでの道徳の授業の学習内容・内容項目・感想などを振り返ることは，次への新たな一歩につながる。

### (3)　長崎県諫早市立北諫早中学校での取組
### ～主体的な活動を通した道徳的実践力の育成～

以前に勤務していた北諫早中学校では，学校全体で「総合単元的な道徳教育の研究」を行った。

北諫早中学校での実践内容は次のとおりである。

①　年間35時間の道徳の授業を充実させるため，全ての授業の指導案を検討して実施する。

②　体験的活動と関連させたユニット道徳（事前と事後）を実践す

質問１　学期に学習した内容を振り返り簡単な感想を書く。
質問２　学期の道徳の授業の中で，一番印象に残った授業とその理由（質問３）を書く。
質問４　学習した道徳的価値が，身に付いたか，または行動できたかを尋ねる。
（「自己反省アンケート質問４」）
４，左記の①～⑩の題材にある「○○○○」は身に付けてほしい項目です。道徳の授業を受けて，少しは身に付いた，または実際に行動することができたと思われる項目には○印を，身に付かなかった，または実行できなかった項目には × 印を付けて，それぞれの理由を記入してください。

| 題材<br>「身に付けてほしい項目」 | ○印<br>×印 | ○印または，×印を付けた理由を<br>記入しましょう。 |
|---|---|---|
| ①122対０の野球<br>「集団生活の向上」 | | |

**資料２　自己反省アンケートの詳細**

ることにより，道徳的価値の意識・実践力の育成・道徳的価値の再確認を，一つの流れの中で学べるようにする。

③　自己反省アンケート（資料２）を実施することで，生徒は自分自身を振り返ることができる。しかし，１年生ではできていたことが学年を追うごとにできなくなる傾向にあり，身に付いた判断力や道徳的心情を育成するには継続した指導が必要であることに気付けるようにする。

## ４　振り返り活動等の成果と課題

| | 成　果 | 課　題 |
|---|---|---|
| 西彼中学校での評価 | ・振り返りシートの質問で「あなたが地域や学校・家庭で実践した道徳的な言動について書いてください。また，どのような行為をして実践したのか書いてください」という項目は，生徒の具体的な言動を把握するために有効であった。また，道徳の授業で学んだことを生かそうと意識させることにも役立つのではないか。<br>・印象に残った道徳の授業を書かせることによって，教師のモチベーションが高まった。<br>・道徳ファイル（ポートフォリオ）は，学習の積み重ねを実感することができた。 | ●道徳的実践力を身に付けるようにしたいが，学年を追うごとにできなくなる傾向にあり，身に付いた判断力や道徳性を実践力まで育成するには継続的指導が必要である。<br><br>●振り返りシート（自己内省票）や，授業後の感想を生徒に書かせると，大変いいことを書くことができる。しかし，その思いが実生活の中に表すことができない生徒も多い（言行不一致）。そのことを自己課題として意識できるようにする必要がある。 |
| 北諫早中学校での評価 | ・全職員が道徳教育と体験活動の関連を意識して取り組んだ結果，教師の道徳に対する意識が向上し，よりよい資料を作ることができた。<br>・振り返り自己内省を行うことで，生徒の思いや行動を教師が把握することができ，また生徒の評価がよかった授業に関しては，生徒の思いが教師にダイレクトに伝わり，携わった教師のモチベーションが高まった。 | |

## ５　提　案

以上の実践を通して確認できたことを提案としてまとめたい。

・期末に道徳の授業について振り返りを行うことで，生徒の道徳的行為を意識させることができたり，教師のモチベーションを高めたりすることができる。

・道徳的実践力を育成するには，次のようなサイクルが大切である。

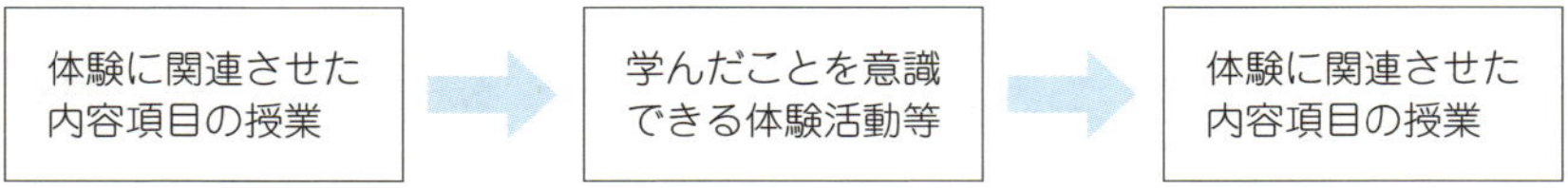

体験に関連させた内容項目の授業 → 学んだことを意識できる体験活動等 → 体験に関連させた内容項目の授業

これらの流れを年に数回繰り返し行うことで，道徳的実践力は高まる。

・道徳のファイル（ポートフォリオ）や学期末の振り返りを行うことで，道徳の「評価」に役立たせることができる。
・道徳の授業は担任が担うべきではあるが，学年の教師が教材を提供したり，または授業を行ったりすることで，広く深い授業がなされ，道徳教育の充実につながる。

## 6　生徒も教師も充実感を感じられる道徳の授業へ

10年前からの研究実践を通して，筆者の中に沸き上がった思いは「道徳は楽しい！」という思いである。「特別の教科　道徳」に不安や脅威を感じる教師は少なくない。しかし，これをチャンスと捉え，担任だけではなく，仲間と共に知恵を出し合い授業をつくっていけば，苦手な道徳から生徒も教師も楽しいと思える道徳の授業になるのではないか。このような取組に，共に汗し御協力をいただいた北諫早中学校と西彼中学校の先生方に心より御礼を申し上げたい。

# 第８節
# ローテーションで取り組む道徳授業
## ――学校全体で組織的に取り組む中学校における道徳科授業――

「特別の教科　道徳」として，中学校の授業をさらに充実させるために，どうすればよいか。様々な実践研究の中から，確実な授業実施と教師の指導力向上に効果的であったのが，全校体制で組織的に取り組む「ローテーションTT道徳授業」であった。

## １　なぜ，「ローテーションTT道徳授業」なのか

教科化への移行の中で，「アクティブ・ラーニング」「考え，議論する道徳」「評価」等，道徳の授業方法の改善が求められている。

今までの道徳の授業で課題となってきたことを受け止め，改善し，充実した授業を実施する必要がある。

しかし，中学校教員に対し，道徳の授業についての意識調査をすると，教師が道徳の授業を躊躇する傾向が見られる。その理由として，次のような意見が挙げられた。

| | |
|---|---|
| ○授業方法が分からない | ○教師自身が楽しいと感じない |
| ○準備に時間がかかる | ○指導効果を実感しない |
| ○話合いがうまくいかない | ○他にすることがたくさんある |
| ○自信がない | ○授業をしなくても道徳性は育つ |

これらは，教師個々の課題に収まらず，中学校の学校現場での環境の課題でもあると考えられる。「教科担任制のため，諸活動などの準備に学級で行う時間が確保できにくい。道徳の授業の研修が十分行い

にくい」等，中学校特有の状況が推察されるためである。

今まで学級担任単独の授業は，教師による指導の個人差が見られ，目的やねらいを十分達成できていなかった。その改善策が見いだせないまま，毎年同じ反省が繰り返されてきた。

さらに，昨今指摘されている「教師の多忙化」の中で，課題を解決し，新しい取組に対する研究の時間を捻出するのは，多くの教員の過重負担となり，現実的に困難である。

こうした中で，学級担任任せでなく中学校における道徳授業実施上の課題を明らかにし，その解決方法を実践した結果，最も効果的であった方法が「ローテーションTT道徳授業」である。

## 2　「ローテーションTT道徳授業」の実際

「ローテーションTT道徳授業」とは，主に学年単位で全教師が入れ替わりに授業を実施する方法である。学校や学年の規模・教員構成などにより様々な方法が弾力的に考えられる。

ここでは，その中でも最も効果的で，支持があった複数教員（ティーム・ティーチング：TTで表示）で行う方法「ローテーションTT道徳授業」を紹介する。例えば，１学年２学級の場合，担任，副担任４人が２人ずつペアになり，交互に道徳の授業を受けもつ。教材ごとにＴ１の教師は入れ替わり，全員がＴ１を行う。

### (1)　「ローテーションTT道徳授業」のねらい

①　確実に道徳の授業を実施する。

②　教師の負担軽減と道徳科授業の指導力の向上を図る。

③　生徒にとって学びがいのある充実した道徳授業を目指す。

### (2)　「ローテーションTT道徳授業」の特色

教師は，一度の教材研究で複数学級にて授業を実施するため毎時間の授業準備に比べ，ゆとりが生まれ，教材研究を深められる。そして，行った授業の反省を生かして他の学級で授業の再構築ができるため，その指導力が高まる。

また，持ち味の異なる教員同士が授業を共に行うことで，省察する機会が得られる。どの授業もティーム・ティーチングで授業を実施するために，中心発問をはじめ，展開について相互の研修が授業を通じて行え，ねらいに沿った授業が実施できる。

さらに，Ｔ２の役割として，①資料の読み，②板書，③話合い活動の支援，④役割演技の参画，⑤中心発問の事前検討，授業時の発問にも参画，⑥Ｔ１の補佐やアドバイス，⑦生徒の観察，⑧Ｔ１と共に評価の実施等を行う，などＴ２の参画によって，多彩な授業展開が広がる。

### ３　「総合単元的な道徳学習」の円滑な実施

「ローテーションTT道徳授業」の効果として，「総合単元的な道徳学習」の円滑な実施が可能となる。これまで教科担任制の中学校において，道徳の授業と様々な教科等とを関連させた取組は，教師同士の連携上難しかった。しかし，学年の教員が道徳の授業に共に関わることによって，重点項目など「道徳的価値を基盤としたテーマ」を設定し，つながりをもった学習が実施しやすくなった。

例えば，次のような事例等，学期に１回程度「総合単元的な道徳学習」を実施してみると，道徳科と教科等における道徳教育が連動し，相乗効果を上げテーマを深めることができる。

事例１：「生命に関わるテーマ」〔中学校３年生〕
理科（生物と細胞）―国語科（高瀬舟）―道徳科（生命の尊さ）―保健体育科（生活習慣病とその予防）―家庭科（わたしの成長と家族）

事例２：「人権に関わるテーマ」〔中学校２年生〕
社会科（四民平等）―道徳科（公正，公平，社会正義）―特別活動（自分らしさを見つけよう）―道徳科（真理の探究，創造）

## ４　「道徳プロジェクトチーム」の設定による推進

「ローテーションTT道徳授業」を推進する上で，道徳授業の進捗状況や教師の困り感などを解決していくシンクタンク的組織が重要である。そこで実働的な組織として「道徳プロジェクトチーム」を設置した。全校一体となって道徳教育を確実に推進するために重要な位置付けとなる組織である。

この組織は，校長の方針の下，道徳教育推進教師が中心となり各学年の道徳担当教師等が，道徳の授業のPDCAを行う。この会は，週１回時間割（例：月曜の２校時）の中に位置付ける。

**【プロジェクトチームの役割】**

○道徳教育のPDCAを実施
○道徳授業の進捗状況の確認
○授業で困っていることの解決策を提案
○話合い活動の活性化の方策の提案
○教員研修（日常研修・企画研修の検討・提案）
○部活道徳（部ごとに道徳的価値を決め，道徳的実践を行い，その価値を意識し考える。つまり，部活動を道徳教育として実施する）
○家庭への道徳教育の啓発

授業実施・円滑な推進を図るため，教師の困っていることなどをボトムアップしていき，課題克服のための方策を考える。つまり，課題に対し，具体的対応策を検討，提案，検証していくための，「生きた躍動的な組織」になる。

特に，プロジェクトチームで課題となったのは，授業展開の話合い活動のことである。「『考える道徳・議論する道徳』」実現のために，生徒一人一人が『多くの価値観に出合う』話合い活動をいかに活性化するか」この事項をプロジェクトチームがシンクタンクとなり，提案や研修を行うなど，授業改善のために不可欠な組織となった。

## ５　「ローテーションTT道徳授業」の効果

このように「ローテーションTT道徳授業」を実施してみると，授業を多面的・多角的に見ることができ，担任だけの授業では気付かなかった授業の改善点や，生徒のよさにも目を向けられるようになった。このことは，評価にもつながると考えられる。生徒や教師の感想から次のようなことが分かる。

**【生徒の感想】**

○毎回，道徳の授業にわくわくした気持ちで取り組むことができる。

○いろいろな先生の考え方が分かる。飽きない。楽しい。

○多くの先生の授業から，自分の考え方も変わり，考える力が身に付く。

○多くの先生に，自分たちのクラスのことを知ってもらえるのでとてもよい。

○先生によって資料の読み方や使い方が違うのがよい。

**【教師の感想】**

○自分が中心になって準備する回数が減り，負担感が減少する。１回の準備に，余裕をもって時間をかけられる。
○複数回授業を行えるので，修正を加えてよりよい授業に改善しながら２回目以降を実施できる。
○生徒の意見を上手に汲み取れないときに，もう１人の教員のサポートを得られるので心強い。
○他の教員の授業を見て勉強できる。道徳の授業に自信がもてるようになった。授業が苦痛でなく好きになった。
○複数の目による評価が行えるので，評価に客観性が出る。
○各自の得意分野を生かした授業ができる。
○他の先生に見られるので最初はプレッシャーだが，慣れるとよくなり生徒のためになる。

ローテーション道徳の効果は，次のようにまとめられる。

①　確実に道徳の授業を実施できる

年間指導計画を基に，ローテーションの計画を立て，Ｔ１の教師が責任をもって，授業準備を行い実施。プロジェクトチームが進捗状況を確認しているので確実な実施が行えた。

②　教師の負担軽減と道徳授業の指導力の向上を図ることができる

35時間の準備は，10～18時間程度と少なくなり，負担が軽減された。その中で中心発問を相談したり，同一教材で何度か授業をしたりするため，意欲的な授業研究になり，負担感は大きく軽減された。また,「道徳の授業を行うのが好きになった」「自信をもって授業を行えるようになった」など高評価の意見が多くの教員から寄せられた。

③　生徒にとって学びがいのある充実した道徳授業が実現する

生徒の多くの意見として，「様々な先生の授業があるため，その都度新鮮で，授業がわくわくする」などがあった。それは，教師が考えたくなる主発問をTTの教師と連携し，しっかり準備しているため「考え，議論する道徳」となっている。

それ以上にローテーション道徳による大きな成果は，教師が道徳の授業を躊躇することなく，意欲的に取り組めたことである。

**道徳の時間の時間割**

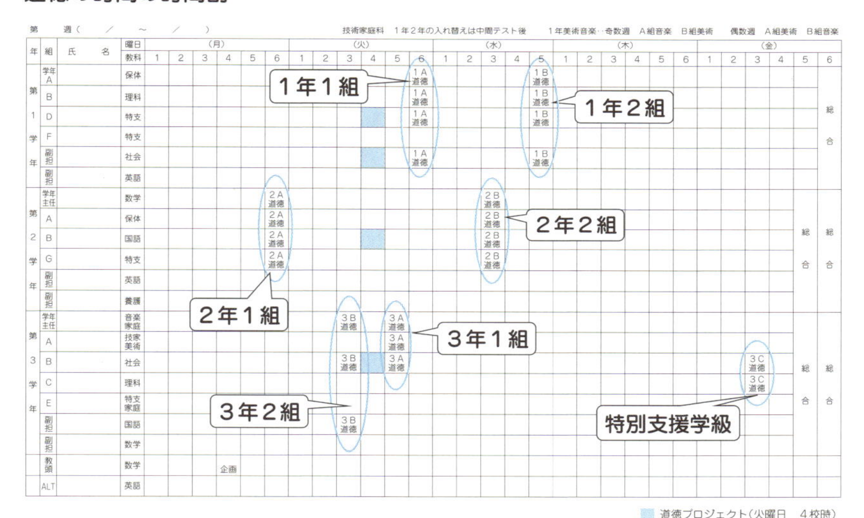

第　週（　／　～　／　）　技術家庭科　１年２年の入れ替えは中間テスト後　１年美術音楽‥奇数週　Ａ組音楽　Ｂ組美術　偶数週　Ａ組美術　Ｂ組音楽

| 年 | 組 | 氏名 | 曜日 | （月） | | | | | | （火） | | | | | | （水） | | | | | （木） | | | | | | （金） | | | | | |
|---|---|---|---|---|---|---|---|---|---|---|---|---|---|---|---|---|---|---|---|---|---|---|---|---|---|---|---|---|---|---|---|---|
| | | | 教科 | 1 | 2 | 3 | 4 | 5 | 6 | 1 | 2 | 3 | 4 | 5 | 6 | 1 | 2 | 3 | 4 | 5 | 1 | 2 | 3 | 4 | 5 | 6 | 1 | 2 | 3 | 4 | 5 | 6 |
| 第1学年 | 学年A | | 保体 | | | | | | | | | | | | 1A道徳 | | | | | 1B道徳 | | | | | | | | | | | | 総合 |
| | B | | 理科 | | | | | | | | | | | | 1A道徳 | | | | | 1B道徳 | | | | | | | | | | | | |
| | D | | 特支 | | | | | | | | | | | | 1A道徳 | | | | | 1B道徳 | | | | | | | | | | | | |
| | F | | 特支 | | | | | | | | | | | | | | | | | | | | | | | | | | | | | |
| | 副担 | | 社会 | | | | | | | | | | | | 1A道徳 | | | | | 1B道徳 | | | | | | | | | | | | |
| | 副担 | | 英語 | | | | | | | | | | | | | | | | | | | | | | | | | | | | | |
| 第2学年 | 学年主任 | | 数学 | | | | | | 2A道徳 | | | | | | | | | 2B道徳 | | | | | | | | | | | | | 総合 | 総合 |
| | A | | 保体 | | | | | | 2A道徳 | | | | | | | | | 2B道徳 | | | | | | | | | | | | | | |
| | B | | 国語 | | | | | | 2A道徳 | | | | | | | | | 2B道徳 | | | | | | | | | | | | | | |
| | G | | 特支 | | | | | | 2A道徳 | | | | | | | | | 2B道徳 | | | | | | | | | | | | | | |
| | 副担 | | 英語 | | | | | | | | | | | | | | | | | | | | | | | | | | | | | |
| | 副担 | | 養護 | | | | | | | | | | | | | | | | | | | | | | | | | | | | | |
| 第3学年 | 学年主任 | | 音楽家庭 | | | | | | | | | 3B道徳 | | 3A道徳 | | | | | | | | | | | | | | | | | 総合 | 総合 |
| | A | | 技家美術 | | | | | | | | | | | 3A道徳 | | | | | | | | | | | | | | | | | | |
| | B | | 社会 | | | | | | | | | 3B道徳 | | 3A道徳 | | | | | | | | | | | | | | | 3C道徳 | | | |
| | C | | 理科 | | | | | | | | | | | | | | | | | | | | | | | | | | 3C道徳 | | | |
| | E | | 特支家庭 | | | | | | | | | | | | | | | | | | | | | | | | | | | | | |
| | 副担 | | 国語 | | | | | | | | | 3B道徳 | | | | | | | | | | | | | | | | | | | | |
| | 副担 | | 数学 | | | | | | | | | | | | | | | | | | | | | | | | | | | | | |
| | 教頭 | | 数学 | | | | 企画 | | | | | | | | | | | | | | | | | | | | | | | | | |
| | ALT | | 英語 | | | | | | | | | | | | | | | | | | | | | | | | | | | | | |



道徳プロジェクト（火曜日　４校時）

写真１　「ローテーションTT道徳授業」の様子

写真２　プロジェクトチーム話合いの様子

## 第９節
## 豊かな心を育む「これからの道徳教育」を見据えた実践
### ――つながり　かかわり　ひろがりを求める小中合同道徳授業を中心に――

人は一人では生きていけない。周りの人とつながり，そのつながりの中で励まされ，支えられ生きている。一人では乗り越える勇気がもてないときも，人と人との関わり合いの中で励まされ，強くなることができる。前へ進む勇気をもつことができる。「道徳」の時間は，自分自身を見つめ，共に学ぶ友達とつながり・関わり合う時間である。そして，力強い生き方を広げていく勇気を一人一人がもつことのできる時間だと私は考える。

昨年度まで所属していた埼玉県入間市立東町小学校は，教育活動の中心として「小中一貫教育」（９年間の学びの連続）に取り組んでいる。そこで，道徳教育の要となる「特別の教科　道徳」と「小中一貫教育」を重ね合わせ，合同授業に取り組んだ。

私は，小中一貫の取組を「人と人との想いをつなげること」と捉えている。「特別の教科　道徳」と「人と人との想いをつなげる取組」が重なることで，児童生徒が生き方を見つめ，力強く生きていくことがより刺激されるようになるのではないか。そして，力強く生きていこうとすることを通して，より深く自分自身を見つめ，周りの人や物と関わり，豊かな心が育まれていくのではないかと考える。

合同授業は，①小学５年生と中学１年生，地域の皆さん（文化塾），②小学６年生と中学３年生の形態で行った。

# 1　具体的な取組

## (1)　小学５年生と中学１年生，地域の皆さん（文化塾）との合同授業

<table>
<tr><td colspan="2">【主題名】　あずっ子魂（「チーム東」）を引き継いで<br>C－⒂　よりよい学校生活，集団生活の充実</td></tr>
<tr><td colspan="2">【ねらい】<br>〈小学校〉集団の中における具体的な場面での自分の役割を自覚し，実行することが集団生活の充実につながり校風をつくっていくということが分かり取り組もうとする。<br>〈中学校〉それぞれの立場で集団の意義や集団の中の自分の役割と責任を理解するとともに，協力し合ってよりよい校風を創ろうとする。</td></tr>
<tr><td colspan="2">【教材名】　ぼくの学校を一番に<br>（埼玉県道徳資料　彩の国の道徳「夢にむかって」）</td></tr>
<tr><td colspan="2">【合同授業を迎えるまでの取組】<br>①小中合同指導案検討会　　②公民館長との打ち合わせ<br>③道徳授業参加への呼びかけ（公民館だより）<br>④文化塾のみなさんとの打ち合わせ</td></tr>
<tr><td>〈小学５年生への事前の取組〉<br>①学級活動<br>「友達のすてきなところを見つけよう」<br>※○○さんのすてきなところは，「○○さんらしさ」だと押さえる<br>②宿題<br>「『東町小らしさ』って何だろう」<br>③宿題<br>「ぼくの学校を一番に」音読</td><td>〈中学１年生への事前の取組〉<br>①宿題<br>「あなたが考える『東町中らしさ』とは何ですか？」<br>※「私たちの道徳」を活用<br>②特別の教科　道徳<br>「修学旅行の見送り」<br>C－⒂　よりよい学校生活，集団生活の充実</td></tr>
<tr><td colspan="2">合　同　授　業</td></tr>
<tr><td>授業後，感想を書く　→</td><td>中学生が小学生の感想にコメントを入れる</td></tr>
</table>

〈学習指導過程〉

| | |
|---|---|
| 導入 | ◎宿題で取り組んだ「東町小・中らしさ」をまとめておき，「校風」についてのイメージを深める。 |
| 展開 | ①生活委員としてがんばっているがうまくいかないたけしの気持ちを考える。　※全体<br>②教室に戻ってからも，近藤さんのことをずっと考えていたたけしの気持ちを考える。　※小中地域グループ学習→全体 |

| | |
|---|---|
| | ③あいさつをしても空回りしているようなたけしの気持ちを聞いた生活委員のみんなは，それぞれがあいさつ運動への思いを語った。「たけし」と「みんな」は，どんな思いを語りあったのか考える。　※小学生と中学生の役割演技<br>④「東町小らしさ」「東町中らしさ」を引き継ぐためにできることは何かを考える。<br>※小中地域グループ学習→全体 |
| 終末 | ・中学生からのメッセージを聴く。<br>・お二人の校長先生からのお話を聴く。 |

## (2)　小学６年生と中学３年生との合同授業

<table>
<tr><td colspan="2">**【主題名】**　夢に向かって，前へ！がんばれ，あずっ子<br>〈小学校〉　Ａ－(5)　希望と勇気，努力と強い意志<br>〈中学校〉　Ａ－(4)　希望と勇気，克己と強い意志</td></tr>
<tr><td colspan="2">**【ねらい】**<br>〈小学校〉困難があってもくじけずに強い意志をもち，やり抜く態度を育てる。<br>〈中学校〉より高い目標達成のために強い意志をもち，前向きな態度で生活し，着実にやり遂げる態度を育てる。</td></tr>
<tr><td colspan="2">**【教材名】**　道ひとすじに　―日本最初の公認女性医師荻野吟子―<br>（埼玉県道徳資料　彩の国の道徳「夢にむかって」）</td></tr>
<tr><td colspan="2">**【合同授業を迎えるまでの取組】**　小中合同指導案検討会</td></tr>
<tr><td>〈小学６年生への事前の取組〉</td><td>〈中学３年生への事前の取組〉</td></tr>
<tr><td colspan="2">宿題　「北島康介選手」の生き方について考える（プリント）</td></tr>
<tr><td>①特別の教科　道徳<br>「ヘレンと共に―アニー・サリバン―」<br>Ａ－(5)　希望と勇気，努力と強い意志<br>②宿題<br>「ヘレン・ケラー」を取り上げ，プリントに取り組む。</td><td>①特別の教科　道徳<br>「森千夏選手の人生より」（自作）<br>Ａ－(4)　希望と勇気，克己と強い意志<br>②朝自習の時間に，森千夏選手の資料や自分が書いたワークシートを読み返し，学習の振り返りをする。</td></tr>
<tr><td colspan="2">朝の読書タイムで，『道ひとすじに―日本最初の公認女性医師荻野吟子―』を読む。</td></tr>
<tr><td colspan="2">合　同　授　業</td></tr>
<tr><td>授業後，感想を書く　→</td><td>中学生が小学生の感想にコメントを入れる</td></tr>
</table>

### 〈学習指導過程〉

| | |
|---|---|
| 導入 | ○「アニー・サリバン」「森千夏選手」の生き方を通して，夢について考えたことを共有する。 |
| 展開 | ①「医者になることを反対された場面」<br>家族や周りの人に医者になることを反対されたときの荻野吟子の気持ちを考える。　※全体<br>②「男用の袴に高い下駄をはき医学校に通っていた場面」<br>自分を何度も励まし，勉強を続けるその熱意や思いは，どこから来るものなのか考える。　※小中グループ→全体<br> |

| | |
|---|---|
| | ③「医者になるための卒業試験が受けられず，何度も願書を書いた場面」<br>※小学生と中学生の役割演技<br>小学生は荻野吟子の気持ちを想像する。<br>中学生は小学生の意見を聴いてどう思ったか。<br>④荻野吟子の生き方から学んだことを発表する。<br>※小中グループ→全体<br> |
| 終末 | ○人生の節目を迎えた中学３年生と小学６年生に届いた「応援メッセージ」を聴く。（中学３年生が小学６年生のときの担任の先生から） |

## 2　実践を終えて

合同授業①では，小５，中１，地域の方との混合グループでの話合いを中心に授業を行った。小学生は，中学生との考え方の違いを感じ取ることや，中学生から話し合う内容を丁寧に説明してもらうということを通して，真剣にグループ学習に取り組んでいる様子が見られた。グループ学習では，中学生のリードにより多様な意見を引き出すことができた。また，地域の方から温かい励ましの言葉をいただき子供たちの意志力を高めることにつながった。小学生は，自分が書いた授業後の感想について中学生からコメントが届くことをとても楽しみにしていたという。

合同授業②では，小６，中３のグループ学習を中心に授業を行った。合同授業後の児童生徒の振り返りは，次のとおりである。

| |
|---|
| ①自分の考えを発表することができた |
| 小学６年生：70%　　中学３年生：86% |
| ②友達や小学生・中学生の考えを聴いて，さらに考えを深めることができたか。 |
| 小学６年生：88%　　中学３年生：98% |
| ③今日学んだことを「日常生活でいかしていこう」という気持ちをもつことができたか。 |
| 小学６年生：82%　　中学３年生：95% |

合同授業では，多くの児童生徒が「自分の考えを発表すること」ができ「友達や小学生・中学生の考えを聴いて，さらに考えを深めること」ができた（肯定的評価：小学生88%，中学生98%）と感じてい

る。このことにより，「日常生活でいかしていこう」（肯定的評価：小学生82%，中学生95%）という気持ちを高めることができたのではないか。これは，合同授業により児童生徒をよく理解している教師たちがTTで関わることのよさと，小学生と中学生が共に学んだことによるものではないかと考える。

小学６年生と中学３年生の合同授業を終えて数日後，廊下ですれ違った中学３年生がグループ学習での小学生の言葉に悩んだことを話してくれた。小学生が「ぼくだったら（そんな状況の中，夢に向かって）がんばれない」と言ったという。それを聞いた中学生が「小学生は，まだ自分に自信がなくてがんばれないのだと思った。夢をあきらめている投げやりな言葉ではないと思った。そんな小学生に何て言ったらいいのかなと思った」と言った。「でもたくさん声をかけて話合いをすることができたよ」という中学生の言葉に，子供同士の心の触れ合いを感じた。人はみな，よりよく生きたいと願っている。そして，その願いをもっているからこそ，時に迷い悩み，考えながらも前向きに生きていく。これが，自己の生き方を考え，主体的な判断の下に行動するということである。道徳教育では，よりよく生きるという願いと行動を支える道徳性を養うことが求められているが，合同授業の取組によりそのような道徳性の育成に近づくことができたように感じる。

合同授業において，中学生は，小学生や年の離れた地域の方に自分の考えを分かりやすく伝えることの難しさと大切さを感じたこと。小学生は，ていねいに接してくれる中学生がいることの心地よさと緊張感を感じたこと。教師たちは，子供たちの成長を感じる機会となったこと。公民館での打ち合わせや小中合同指導案検討に始まり，授業に向けた環境整備なども含め，合同授業に関わった皆の「つながり」を感じた。たくさんの人が「関わり合う」この取組の実践・継続・発展を，そして児童生徒の心によりよい生き方が「ひろがる」授業実践を，今後も検討していきたい。

## 第10節
## 「特別の教科　道徳」の授業づくりと評価への取組

### 1　具体的な「道徳授業観察シート」を生かした取組

「特別の教科　道徳」（以下，道徳科）の「授業づくりのポイント」とも言える「道徳授業観察シート」を研究協議の下に作成し，今後の授業研究や授業改善に生かしていこうとする取組事例である。当然のことであるが，その取組を進める上で，第一に確認をされたことは，学習指導要領に示された「（前略）よりよく生きるための基盤となる道徳性を養うため，道徳的諸価値についての理解を基に，自己を見つめ，物事を広い視野から多面的・多角的に考え，人間としての生き方についての考えを深める学習を通して，道徳的な判断力，心情，実践意欲と態度を育てる」という道徳科の目標の中で求められている学習活動を具体的にイメージし共有するということであった。そのためにも，加えて「生徒一人一人がねらいに含まれる道徳的価値についての理解を基に，自己を見つめ，物事を広い視野から多面的・多角的に考え，道徳的価値や人間としての生き方についての自覚を深めることで」「内面的資質としての道徳性を主体的に養っていく時間」であり，「その際，教師は生徒と共に考え，悩み，感動を共有していくという姿勢で授業に臨み，」「よりよい生き方について生徒が互いに語り合うなど学級での温かな心の交流」のもとに「生徒と教師，生徒相互の対話の深まり，議論の深まりが，生徒の見方や考え方の高まりを促すことから，課題に応じた活発な対話や議論が可能となるよう工夫することが求められる」（「学習指導要領解説　特別の教科　道徳編」）と示されている道徳科の特質を生かした学習指導の在り方について確認された。特に，下線が付された内容に関わる具体的な学習活動のイメージをもって，「主体的・対話的で深い学び」となることに留意しつつ，これまでの道徳の授業における具体的な課題とその改善への方向性が整理された。

①　生徒が主体的に深く考える授業になっていたか。

考える価値・必然性のある問いづくりに取り組む。

◇自分の事として考えられるような切実感のある問い

◇自問・内省できるような問い

◇自己内対話（自分が自分に自分を問う）が生まれる問い

◇考えたくなるような問い・考えざるをえない問い

◇より多面的・多角的な考えが深められるように，これまでには考えたことのないようなことや新たな観点から考えようとする問い

◇他の人の考えを聴きたくなるような問い

◇人間としての自己の生き方についてより深く考えられる問い

以上のような問いが生徒自身の中に生まれるように，新たな視点の提示，既成の価値観・概念をくだき，問い返し・切り返し，揺さぶり，価値葛藤・心理的葛藤を意識した授業づくりに取り組む。

②　生徒が本音で語り合える授業になっていたか。

安心して自分の本音が発言できるような環境づくりに努める。

◇他者の存在や多様な価値観等を認め尊重し，他者の発言をその真意まで聴こうとする姿勢づくり

◇一人一人の生徒の発言を傾聴して受け止め，学習指導に生かす授業づくり

◇多様な価値観等の交流の意義を実感でき，互いに学び合い，高め合おうとする姿勢づくり

③　ペアワークやグループワークでの学習において，一人一人の学びに深まりがあったか。

◇個人ワーク（一人学び）の時間の確保

◇ペアワークやグループワーク時における生徒一人一人に応じた机間指導の充実

以上のようなそれぞれの課題の改善も踏まえた授業研究時の授業観察シートが，次のように作成され，道徳授業の充実に生かされている。

| 日時 | 平成　年　月　日(　) | 時間目　授業者(　　) |
|---|---|---|
| 学年・教科等 | 年　組　道徳　科 | 参観者 |

○で囲んでください。（4できた・3どちらかといえばできた・2どちらかといえばできていない・1できていない）

| | 項目 | 評 | | | 価 |
|---|---|---|---|---|---|
| 導入 | 本時の「ねらい」にせまる、効果的な導入であったか。（板書もしくは掲示・授業の流れ） | 4 | 3 | 2 | 1 |
| 展開 | 思考を要する発問をしている。考えざるを得ない発問となっているか。 | 4 | 3 | 2 | 1 |
| | 自分の意見が持てるよう、考えさせる時間を確保している。 | 4 | 3 | 2 | 1 |
| | 机間指導を工夫している。（声がけ・グルーピング・赤ペン等）学習につまずきのある生徒への適切な指導・助言　意図的な指名につなげる座席表を活用。 | 4 | 3 | 2 | 1 |
| | 生徒の意見を発表させている。（根拠も言わせている。） | 4 | 3 | 2 | 1 |
| | 生徒の意見をからみ合わせる授業ができている。練り上げ（ペア学習、班学習、フリートーク等・意見交流後の発表等・発表順の工夫・意図的指名） | 4 | 3 | 2 | 1 |
| 終末 | 本時の学習についてふりかえる時間をとっている。（めあての達成度・定着度） | 4 | 3 | 2 | 1 |
| 評価 | 肯定的な評価をしながら授業を進めている。学ぶ姿勢や学習規律（共感、代弁、要求・行動面、情意面、認知面） | 4 | 3 | 2 | 1 |

参観者からのメッセージ～～よかったところ、課題や改善点・改善策

| |
|---|
| |

高知県中土佐町立久礼中学校

**道徳授業観察シート**

## 2　学校独自の「道徳ノート」を生かした取組

これまでの教材ごとのワークシート活用の実践を基に，全ての道徳科の授業において活用する「道徳ノート」を研究協議の下に作成し，「主体的・対話的で深い学び」の実現と評価活動の充実に生かしていこうとする取組事例である。

「道徳ノート」作成に当たっては，「学習指導要領　総則」の「教育課程の実施と学習評価」に示されている「各教科等の指導に当たっては，」「単元や題材など内容や時間のまとまりを見通しながら，生徒の主体的・対話的で深い学びの実現に向けた授業改善を行うこと」「生徒が学習の見通しを立てたり学習したことを振り返ったりする活動を，計画的に取り入れるように工夫すること」といった内容についての確認が第一になされた。その上で，「学習指導要領　特別の教科　道徳」の目標に加え，「指導計画の作成と内容の取扱い」に示され

第　回道徳　　月　日

教材名『　　　　』

NOTE

◇ 自分の考えや想いを理由や根拠をもとに書きましょう。

★

自分の考え

友達の考え

◇ 本時の学習で学んだこと、考えたことを書きましょう。

◇ 今日の学習をふり返って、あてはまる数字に○をつけましょう。

| | とても | ← | → | まったく |
|---|---|---|---|---|
| ① 共感や感動がありましたか。 | 4 | 3 | 2 | 1 |
| ② 新たな発見がありましたか。 | 4 | 3 | 2 | 1 |
| ③ 自分をふり返り、考えることができましたか。 | 4 | 3 | 2 | 1 |
| ④ 教材はよかったですか。 | 4 | 3 | 2 | 1 |

| 検　印 |
|---|
| |

### 1年間のまとめ

1 教材の内容で印象に残ったものや良かったものの教材名とその理由を具体的に書きましょう。（最大3つ）

| 教材名 | 理　由 |
|---|---|
| | |
| | |
| | |

2 授業を受けての感想として当てはまるものを選び、番号を○で囲みましょう。（いくつ選んでも良いです）

| | |
|---|---|
| 1 | 道徳の授業はためになった。 |
| 2 | いろいろな意見が聞けて良かった。 |
| 3 | 新しい発見があった。 |
| 4 | 自分を見つめるきっかけになった。 |
| 5 | 答えに正解・不正解がないので書いやすかった。 |
| 6 | 楽しかった。 |
| 7 | その他 |

※ 7を選んだ人は具体的に書いてください。（例：自分の気持ちを考えて言葉にすることが難しかった。）

3 1年間の道徳の授業について、感想や意見を書いてください。

石川県能美市立寺井中学校

**道徳ノート**

ている「生徒が自ら道徳性を養う中で，自らを振り返って成長を実感したり，これからの課題や目標を見付けたりすることができるよう工夫すること。その際，道徳性を養うことの意義について，生徒自らが考え，理解し，主体的に学習に取り組むことができ」「生徒が多様な感じ方や考え方に接する中で，考えを深め，判断し，表現する力などを育むことができるよう，自分の考えを基に討論したり書いたりするなどの言語活動を充実すること。その際，様々な価値観について多面的・多角的な視点から振り返って考える機会を設けるとともに，生徒が多様な見方や考え方に接しながら，更に新しい見方や考え方を生み出していくことができる」ような，生徒の実態を踏まえた学校独自の「道徳ノート」が前ページのように作成され，生徒の道徳学習や教師の評価活動・授業改善の充実に生かされている。「道徳ノート」の左上に示された「第○○回道徳」という欄には，道徳科授業の量的確保への学校の決意が伝わってくる。また，毎時間の尺度法による学習の振り返り表や年間・学期ごとの振り返りページは，授業改善への効果が大いに期待される。

## 3 道徳科におけるより適切な評価記述への取組

道徳科の目標は，道徳性を養うことである。しかしながら，「道徳性が養われたか否かは，容易に判断できるものではない」（「学習指導要領解説 特別の教科 道徳編」）ということを踏まえつつも，道徳科においては，その学習活動に着目し，生徒の学習状況（学習の過程や成果）や道徳性に係る成長の様子を，年間や学期といった一定のまとまりの中で把握し評価することが求められている。したがって，ここに紹介する取組は，個々の内容項目ごとではなく，大くくりなまとまりを踏まえた評価へのものであり，他の生徒との比較による評価ではなく，その生徒がいかに成長したかを積極的に受け止めて認め，励ます個人内評価としての記述内容をより適切なものにしようとする取組事例である。

① 学習指導要領及び学習指導要領解説の趣旨・内容を踏まえた道徳科における評価の基本的な考え方と具体的な方法及び記述事例（先進校の実践を参考にしたもの）について，年度当初に共通理解を深める。

② 各学級担任から提出された抽出生徒の１学期間のノート（ワークシート）への記述内容一覧とそれを踏まえた「評価記述案」を基にした研究協議の中で，より適切な記述内容への改善を図る。

③ 夏季休業前の三者懇談において，道徳科における評価について説明したプリントを基にその趣旨を説明し，具体的な評価記述の内容を伝える。その際，生徒及び保護者に道徳科における評価に関するアンケートを依頼する。

④ アンケートの内容を集約したものを基に，今後の評価活動改善への研究協議を深める。

前ページ最終行からの下線が付された道徳科における評価の趣旨が反映されていることによるものでもあろう。多くのアンケートが好意的・肯定的な内容であり，教師による細やかな評価への取組を認め，感謝する言葉も多くみられた。

最初からベストなものはないのかもしれない。今後とも，生徒一人一人の道徳的成長を認め，励まし，勇気付けられる評価であり，より豊かなかけがえのない人生へと導くことのできるような評価としたい。

# 第5章

# 道徳教育の全体計画<br>（スクール・マネジメント），<br>年間指導計画<br>（カリキュラム・マネジメント）<br>の改善・充実

第1節
## 道徳教育の全体計画がなぜ必要なのか

**Q** 学校教育全体における道徳教育の位置付けと，道徳教育の全体計画の必要性について教えてください。

### ●スクール・マネジメントは学校運営計画（学校経営計画）と道徳教育の全体計画が基盤である

学校には, 学校運営計画（学校経営計画）があります。それなのに，なぜ道徳教育の全体計画が必要なのでしょうか。

それは, 道徳教育の特質にあります。改正教育基本法が示すように，学校教育においては，道徳教育が中核に位置します。学校教育は，子供たち一人一人の人格の完成（豊かな人生）を目指して，知，徳，体の全体にわたって指導していくことが必要です。そのことが学校運営案（学校経営案）において具体的に示されなければなりません（さらに，行政的な視点や運営的な視点からの押さえも当然必要です)。

その知，徳，体の指導は，改正教育基本法の第２条で示されているように，徳を根底に据えて知，体の指導を絡ませていく必要があります。そのことを具体的に計画しなければなりません。それが道徳教育の全体計画です。つまり，学校のスクール・マネジメントにおいては，学校運営計画（学校経営計画）と道徳教育の全体計画が相まって，教育本来の機能が果たせるようになるのです。

そのため，道徳教育の全体計画に関しては，学習指導要領の総則に書かれています。

# 第２節
# 道徳教育の全体計画のポイント

**Q** 道徳教育の全体計画において求められるのは，どのようなことですか。

## ●道徳教育の全体計画に求められていること

道徳教育は，学校教育の中核に位置付けられます。したがって，道徳教育の全体計画は，学校全体の教育課題やこれからの教育の方針を具体化したものでなければなりません。学習指導要領解説の総則編に書かれていることを参照しながら，特に押さえておきたいことを以下に述べてみます。

### ①　全ての学びが向かう方向性を具体的に示す（道徳教育目標）

まず，道徳教育の全体計画においては，これからを生き抜く子供たちに求められる三つの資質・能力を，学校全体での学びを通して，どのように統合していくのかについての指針を示す必要があります。各教科等の学びは，それぞれの特質に応じて「知識，技能」「思考力，判断力，表現力」を養いますが，それらの「学びの向かう方向」は，よりよい自分づくりやよりよい社会づくりです。

そのことを意識して，各教科等の学びとつながる学校独自の道徳教育の目標を明確にする必要があります。例えば，「各教科等の学びを通して，本校での学びを支えとして未来を力強く切り拓いていく力を育てる」といったことを学校の特質や地域の特質，教師の願いなどを盛り込んで示していくのです。

### ②　具体的な行動目標を示す

これからの学校教育においては，特にカリキュラム・マネジメントが強調されます。カリキュラム・マネジメントにおいては，PDCAサイクルによる効果的な指導が求められます。道徳教育は，評価が難しいと言われますが，だからこそ，全体計画がどのように執行され，子供たちの様子がどうだったかを評価して，改善を図っていく必要があります。

そのためには，目標をできるだけ行動目標にする必要があります。例えば，「思いやりのある子供を育てる」と目標を示すと同時に，「特に４月を思いやり月間として計画的に取り組む」と明記します。そのことによって，その成果の検討も含めた具体的な行動計画が作成され，全員で取り組んでいくことができます。

また，例えば，「礼儀正しい元気な子供を育てる」とした場合，「朝のあいさつが元気よくできていると８割の子供たちが自己評価できるようにする」と示しておきます。すると，そのための指導をどうするか，子供たちの自己評価をどのように行うのか，自己評価結果を基にした研修会をいつ行うか，それを基にどのような改善を図っていくかをいつ検討するか，といったことが具体化してきます。重点的に取り組むものやポイントとなる取組に対して，このような行動目標を具体的に示していく必要があります。

### ③　重点目標の具体的取組を明記する

重点目標に関しては，どの学校でも設定されていますが，どのように取り組むのかについて，具体的に示していくことが大切です。

学校には，様々な社会的課題や，地域的課題，学校独自の課題，子供たちの実態から出てくる課題などが山積しています。それらに個々に対応していくのは困難です。

これらの課題は，全て，子供たちがこれからの社会を生き抜くために必要なものです。つまり，それらの課題を子供たち一人一人の生き方と関わらせて取り組めるようにする必要があります。その一番の方法は，道徳教育の重点目標として取り組むことです。多くの課題があっても，道徳性の育成で共通しますので，それぞれの活動や学びが全てつながっていくことになります。

したがって，重点目標をあまり多くする必要はありません。一つの重点的課題を取り上げて，「特別の教科　道徳」を要にして関連する教育活動や日常生活と関連をもたせて計画的に指導することによって，内面的な道徳性が育まれ，様々な道徳的事象への気付きと具体的対応に関する発展的学びが可能になります。

特に，総合単元的に，取り組むことによって大きな成果が期待できます。それらについては第３章，第４章で確認してください。

#### ④　豊かな体験による内面に根ざした道徳性の育成を具体化する

道徳教育においては，豊かな体験が不可欠です。豊かな体験とは，四つの視点（自分自身，人，集団や社会，生命や自然・崇高なもの）との関わりを豊かにもてる体験ということになります。

豊かな体験は，全教育活動において求められますが，特に重要なのは，特別活動と，生活科，総合的な学習の時間です。これらは，体験活動を行うことが目標になっています。

特別活動の目標には，「様々な集団活動に自主的，実践的に取り組み」「集団や自己の生活上の課題を解決することを通して」「人間としての生き方についての考えを深め，自己実現を図ろうとする態度を養う」ことが明記されています。生活科の目標においては，「具体的な活動や体験を通して」「身近な人々，社会及び自然を自分との関わりで捉え，自分自身や自分の生活について考え，表現することができるようにする」ことが記されています。また，総合的な学習の時間の目標には，「探究的な見方・考え方を働かせ，横断的・総合的な学習を行うことを通して，よりよく課題を解決し，自己の生き方を考えていくための資質・能力」を育成することが明記されています。これらを，いかに道徳教育的視点から計画することができるかが問われます。

道徳教育の全体計画においては，特に豊かな体験に関して，特別活動と総合的な学習の時間，小学校では生活科を含めて四つの関わりを豊かにする体験の主なものを，別紙でもいいですから，明記することが求められます。

### ⑤　「特別の教科　道徳」が要としての役割を果たせるようにする

豊かな体験は，「特別の教科　道徳」と響き合わせることによって，自己の生き方と日常生活や日々の学習活動とをより結び付けて考えられるようになります。また，各教科の固有の学習活動とも関連をもたせることによって，より効果的な指導ができます。そのために，各教科等における道徳教育について,「第３章　特別の教科　道徳」の「第２　内容」との関連で確認できるように別葉を求められています。

さらに,各学年あるいは学年段階ごとの重点指導についても明記し，年間指導計画へとつなげていく必要があります（別紙に各学年の道徳教育計画についてまとめることも考えたいです)。また，全学年を通して基本とすべき指導方針（例えば，郷土資料の活用や道徳ノートの活用，事前事後の関わり，総合単元的な指導，家庭や地域との連携，掲示など）を示しておくことも大切です。

### ⑥　一人一人への対応に関する留意事項を明記する

道徳教育においては，全体的な指導と個人的な指導が不可欠です。全体計画は，道徳教育の指導計画を確立するという意味から全体的な取組のことに関心が向きますが，それと同時に，一人一人への対応についても，しっかりと計画し実行していくことが大切です。

例えば，朝の会や帰りの会における一人一人への対応，一人一人の机やボックス，靴入れへの対応，一人一人のノートへの対応，一人一人との面談，一人一人に配慮した掲示の工夫などについて，特に全員で取り組みたいことを明記しておくと，道徳的風土をより豊かなものにしていきます。

### ⑦　家庭や地域との連携の具体化

これから求められる「チーム学校」においては，特に家庭や地域との連携が重要になります。そのことを踏まえて「学校，家庭，地域連携道徳教育協議会」のような組織を作って取り組めるようにすることも求められます。各学校に設けられている学校運営協議会制度などを有効に活用することも考えられます。それらを全体計画に明記するのです。

家庭や地域との具体的な連携計画においては，一般的な方針と同時に，一人一人の子供たちに保護者や地域の人々，専門機関の人々，専門家がどのように関わっていくのかについても示していくことが求められます。

まず，一般的な連携の取組としては，学校の道徳教育の取組をどのように発信していくのか。また，保護者や地域の人々の声をどのように取り入れていくかについて明確に示していく必要があります（例えば，学校だよりに返信の欄を設けたり，ホームページを活用したりして自由に意見をもらえるようにすることも考えられます）。

さらに，学校のホームページに道徳教育の全体計画を分かりやすく示し，保護者や地域の人々から積極的に協力いただけるように働きかけることも大切です。

また，道徳教育フェスティバルのような，保護者や地域の人々と一緒になって交流し，楽しめるイベントを企画することも重要です。この場合は，できるだけ地域の人々に運営に参加いただき，地域と一体となって取り組むことが求められます。

一人一人への対応については，特に課題のある子供たちに対して個人カルテのようなものを作り，様々な人がどのように取り組むのかについて，別紙などでその基本を明記していくことも考えられます。

### ⑧　幼児教育機関，小学校，中学校との連携の具体化

スクール・マネジメントの視点は，さらに幼児教育機関，小学校，

中学校との連携を求めます。これからの学校は「チーム学校」として，地域の人々や専門機関，専門家等との連携が不可欠です。そのためには，子供たちが連続的に学ぶ学校が相互に連携していくことが重要です。その中で，地域の人々や専門機関，専門家の人たちに対して，中学校区というくくりで計画的に関わってもらえるようにする必要があります。その調整も重要です。

それぞれの学校段階の連携においては，まず道徳教育の全体計画や「特別の教科　道徳」の年間指導計画を交換し，合同の研修会を設ける必要があります。それぞれの計画を見ながら，日頃目にする実際の子供たちの姿から，道徳教育の効果をある程度実感することができます。

さらに，小学校においては，幼児教育機関の子供たちとの直接的な交流活動や，中学校との道徳の交換授業なども考えられます。また中学校では高等学校との交流も必要になります。

このようなことを具体的な行動目標として全体計画に位置付けていくのです。そのことによって，より広い視野から子供たちの道徳教育を考えることができます。

**⑨　研修計画の明記**

これからのカリキュラム・マネジメントにおいては，途中において評価し改善を図ることが特に重要になります。そのためには，行動目標を工夫するとともに，研修計画を明確に示す必要があります。

道徳教育の研修計画には，様々な要素が含まれます。特に重要なこととして次の９点の押さえが必要です。

**一つは，道徳の授業に関する研修計画を創ること。**道徳の授業を公開しての研修が不可欠です。そこでは，道徳の授業について総合的に学べるように工夫する必要があります。

**二つは，「特別の教科　道徳」の年間指導計画の見直しについての研修。**定期的に行う必要がありますが，特に学年ごとや学年段階ごとで確認していく必要があります。

**三つは，学級や学年における道徳教育の取組についての研修。**学級崩壊寸前のクラスがあるかもしれません。そういうクラスの先生を応援することも道徳教育の研修に入れておく必要があります。

**四つは，重点目標に関わる道徳教育の取組についての研修。**重点的な取組は，いろいろな教育活動と関わらせて行われることから，全員で検討する機会が必要になります。

**五つは，各教科等における道徳教育の研修。**特に，特別活動や総合的な学習の時間，小学校では生活科においても，どのような豊かな体験活動がなされているのかについて確認していく必要があります。また，各教科においては，別葉を基にして研修を深めることが求められます。

**六つは，一人一人への対応に関する研修。**このことは生徒指導とも密接に関わります。他の研修と関わらせて取り組むこともできます。

**七つは，学校，家庭との連携に関する研修。**地域との連携については学校全体で協議する必要があります。また，特に家庭との連携については，現状について意見交換しながら，保護者への対応に悩んでいる教員に対して，みんなで検討する機会を設けることが重要です。

**八つは，隣接する学校や幼児教育機関，専門機関，専門家を交えての研修。**「チーム学校」と「地域が一体となる学校づくり」を具体的に推進していくための研究が必要です。

**九つは，評価に関する研修。**通知表には「特別の教科　道徳」の評価について記述式で書かなければなりません。子供たちの道徳的成長について，多様に見る目を養うと同時に，ある程度の合意を得る必要があります。そのためには，学年の中で交換授業なども計画的に行い評価に関する研修を深めることも大切です。

今まで述べたことを，チェックリストにして示したのが次の表です。

時々にチェックして改善を図ったり，計画を充実させたりして，学校教育全体で取り組む道徳教育の充実に生かしてください。

**全体計画のチェックリスト**

| | 項目 | チェック |
|---|---|---|
| 1 | 道徳教育の目標に全ての学びが向かう方向性が具体的に示されている | |
| 2 | 具体的な行動目標が示されている | |
| 3 | 重点目標の具体的取組が明記されている | |
| 4 | 豊かな体験による内面に根ざした道徳性の育成が具体的に示されている | |
| 5 | 「特別の教科　道徳」が要としての役割を果たせるように具体的な記述がなされている | |
| 6 | 一人一人への対応に関する留意事項が明記されている | |
| 7 | 家庭や地域との連携が具体的に示されている | |
| 8 | 幼児教育機関，小学校，中学校との連携が具体的に示されている | |
| 9 | 研修計画が明記されている | |

＊チェック欄は，例えば，

A…十分に示されている

B…だいたい示されている

C…あまり示されていない

D…ほとんど示されていない

で全員に評価してもらい，研修会において議論してから見直しを図ることもできます。

## 第３節
## 「特別の教科　道徳」の年間指導計画のポイントを読み解く

道徳の教科書と学校の年間指導計画とは，どのように捉えればよいのですか。

### ●教科書に対応してあれば多様な教材が使える

「特別の教科　道徳」が教科になったことから，授業においては，教科書の使用が義務付けられます（学校教育法第34条）。そして，「児童又は生徒が用いるため，教科用として編修された図書」（教科用図書検定規則第２条）の内，文部科学省の検定を受け合格したものが教科書です。教科書の発行に関する臨時措置法第２条及び義務教育諸学校教科用図書検定基準の総則において，教科書は「教科の主たる教材として」使用されるものであることが明記されています。

では，教科の授業においては，教科書に書かれている内容は全部使わねばならないのでしょうか。「伝習館高校事件」における福岡高等裁判所（昭和58（1983）年12月24日判決）において一応の見解が示され，それが現在も標準的見解とされています。

その内容は「教科書のあるべき使用形態としては，授業に教科書を持参させ，原則としてその内容の全部について教科書に対応して授業することをいうものと解するのが相当である」というものです。

つまり，「特別の教科　道徳」の授業においては，教科書を持ってこさせ，教科書の内容全部に対応した授業を行うことが求められるのです。

このことを理解した上で，教科書に対応した多様な教材を使うことができるのです。郷土資料や学校開発資料などの使用を積極的に考えていく必要があります。

**Q**　「特別の教科　道徳」の年間指導計画において求められるものはどのようなことですか。

### (1)　学校における道徳教育の要であることが読み取れるようにする

「特別の教科　道徳」の年間指導計画は，学校における道徳教育の中核が読み取れるようにする必要があります。学校の独自性を踏まえた重点的な指導の工夫，他の教育活動や日常生活との関連，子供自身がそれぞれの道徳的価値の視点から自己を見つめられるとともに，トータルとしての自己を見つめ，成長を実感し，課題を見いだし取り組んでいけるような授業がうまく組まれているかなどもポイントになります。また，年間を通して，じっくり考えさせる授業，ぐっと心に迫る授業，心をリラックスさせる授業，楽しめる授業などがバランスよく配置されていることも大切です。

### (2)　「特別の教科　道徳」の年間指導計画のポイント

「特別の教科　道徳」の年間指導計画のポイントは，大きく二つあります。一つは，学校全体で取り組む道徳教育の要としての役割が果たせるようにすることです。そのことは，学校が取り組まなければならない学校課題や社会的課題に対してもしっかりと対応できるように授業を計画すること。他の教育活動との関連や日常生活，家庭や地域との連携なども考慮すること。校長や副校長・教頭をはじめ全教職員が何らかの形で授業に参加できるようにすること，などが大切になります。

二つは，道徳的価値の理解を基に自分の生き方についてしっかりと考え，具体的な行動へと導く道徳的判断力や道徳的心情，道徳的実践意欲と態度を養うことです。道徳的価値の理解を基に人間として生きるとはどういうことかを教材や話合い等を通して学び，その視点から自分を見つめ，日常生活や様々な学習場面でよりよい生き方を自分らしく追い求めようと取り組めるようにしていくのです。

このような役割を果たせる道徳の授業を構想していくには，多様な教材や指導方法が求められます。教科書には，多様な教材が掲載され，また，多様な授業も提案されています。それらを基にしながらも，各学校で，独自に，郷土教材や学校開発教材をはじめ，体験に基づく教材，ビデオ教材，インターネットを活用した教材などを使っての授業，あるいは，他時間扱いの授業，校長・教頭の参加や他の教師によるTTの工夫なども考えることが大切です。

具体的な授業計画においては，道徳的価値に照らして自己を見つめる工夫（自己を見つめる視点を明確にすることが大切），道徳的価値を基に物事（道徳的な事象，問題や課題）を多面的・多角的に考える工夫（物事を道徳的価値の側面から考えることが大切），問題解決的な学習の工夫（「どうすればいいのか」とともに「どうしてこのようになるのか」の追求が大切），道徳的行為に関する体験的な学習の工夫（実感すること，具体的実践へとつなげることが大切），特別活動や総合的な学習の時間，各教科はもとより，日常生活（掲示や朝の会，帰りの会，日常の会話の工夫等）や，家庭，地域と連携した指導の工夫などが，十分に押さえられているかどうかが問われます。

さらに，重点的な指導においては，総合単元的な発想による指導を年間指導計画の中に位置付ける，別紙に詳しく示すことも考えられます。

なお，教科書の活用についても明記しておく必要があります。日常的に，各教科や特別活動，総合的な学習の時間で，家庭や地域で，など活用できるように計画することで，「特別の教科　道徳」を要として道徳教育が充実していきます。

## 第4節
# 学級における道徳教育の指導計画の作成のポイント

**Q**　学級における道徳教育の指導計画の意義とポイントを教えてください。

### (1)　学級における道徳教育の指導計画の重要性

道徳教育は，日常生活を基盤として取り組みます。「特別の教科　道徳」も，日々の学校生活と響き合って本来の役割を果たすことができます。

学校には，学校教育全体で取り組む道徳教育の全体計画があります。そして，その要である「特別の教科　道徳」の年間指導計画があります。その計画を実践する学級においても，同様に，学級用の道徳教育の全体計画と道徳の授業を展開する学習指導案が必要になります。

学級における道徳教育の指導計画を作成し実行することで，学級経営の基盤ができていきます。

### (2)　学級における道徳教育の指導計画のポイント

学級における道徳教育の指導計画は，難しく考える必要はありません。道徳教育の全体計画と響き合わせて，自分の特長を生かした道徳教育をいかに展開していくかを考えるのです。それは，学級経営の基盤ともなっていきます。

例えば，「クラスの友情と団結を高める」という目標をつくれば，そのために，関係する道徳の授業を学級活動と響かせて指導する，大縄跳びを全員で10回できるように働きかける，「ビリーブ」を月曜日の朝に全員で歌うようにする，といった形で具体的に考えることができます。そのことが大切なのです。

# 中学校学習指導要領

平成29年３月〔抜粋〕

## 第３章　特別の教科　道徳

### 第１　目　標

第１章総則の第１の２の(2)に示す道徳教育の目標に基づき，よりよく生きるための基盤となる道徳性を養うため，道徳的諸価値についての理解を基に，自己を見つめ，物事を広い視野から多面的・多角的に考え，人間としての生き方についての考えを深める学習を通して，道徳的な判断力，心情，実践意欲と態度を育てる。

### 第２　内　容

学校の教育活動全体を通じて行う道徳教育の要である道徳科においては，以下に示す項目について扱う。

#### A　主として自分自身に関すること

[自主，自律，自由と責任]

自律の精神を重んじ，自主的に考え，判断し，誠実に実行してその結果に責任をもつこと。

[節度，節制]

望ましい生活習慣を身に付け，心身の健康の増進を図り，節度を守り節制に心掛け，安全で調和のある生活をすること。

[向上心，個性の伸長]

自己を見つめ，自己の向上を図るとともに，個性を伸ばして充実した生き方を追求すること。

[希望と勇気，克己と強い意志]

より高い目標を設定し，その達成を目指し，希望と勇気をもち，困難や失敗を乗り越えて着実にやり遂げること。

[真理の探究，創造]

真実を大切にし，真理を探究して新しいものを生み出そうと努めること。

#### B　主として人との関わりに関すること

[思いやり，感謝]

思いやりの心をもって人と接するとともに，家族などの支えや多くの人々の善意により日々の生活や現在の自分があることに感謝し，進んでそれに応え，人間愛の精神を深めること。

[礼儀]

礼儀の意義を理解し，時と場に応じた適切な言動をとること。

[友情，信頼]

友情の尊さを理解して心から信頼できる友達をもち，互いに励まし合い，高め合うとともに，異性についての理解を深め，悩みや葛藤も経験しながら人間関係を深めていくこと。

[相互理解，寛容]

自分の考えや意見を相手に伝えるとともに，それぞれの個性や立場を尊重し，いろいろなものの見方や考え方があることを理解し，寛容の心をもって謙虚に他に学び，自らを高めていくこと。

### C　主として集団や社会との関わりに関すること

[遵法精神，公徳心]

法やきまりの意義を理解し，それらを進んで守るとともに，そのよりよい在り方について考え，自他の権利を大切にし，義務を果たして，規律ある安定した社会の実現に努めること。

[公正，公平，社会正義]

正義と公正さを重んじ，誰に対しても公平に接し，差別や偏見のない社会の実現に努めること。

[社会参画，公共の精神]

社会参画の意識と社会連帯の自覚を高め，公共の精神をもってよりよい社会の実現に努めること。

[勤労]

勤労の尊さや意義を理解し，将来の生き方について考えを深め，勤労を通じて社会に貢献すること。

[家族愛，家庭生活の充実]

父母，祖父母を敬愛し，家族の一員としての自覚をもって充実した家庭生活を築くこと。

[よりよい学校生活，集団生活の充実]

教師や学校の人々を敬愛し，学級や学校の一員としての自覚をもち，協力し合ってよりよい校風をつくるとともに，様々な集団の意義や集団の中での自分の役割と責任を自覚して集団生活の充実に努めること。

[郷土の伝統と文化の尊重，郷土を愛する態度]

郷土の伝統と文化を大切にし，社会に尽くした先人や高齢者に尊敬の念を深め，地域社会の一員としての自覚をもって郷土を愛し，進んで郷土の発展に努めること。

[我が国の伝統と文化の尊重，国を愛する態度]

優れた伝統の継承と新しい文化の創造に貢献するとともに，日本人としての自覚をもって国を愛し，国家及び社会の形成者として，その発展に努めること。

[国際理解，国際貢献]

世界の中の日本人としての自覚をもち，他国を尊重し，国際的視野に立って，世界の平和と人類の発展に寄与すること。

### D　主として生命や自然，崇高なものとの関わりに関すること

[生命の尊さ]

生命の尊さについて，その連続性や有限性なども含めて理解し，かけがえのない生命を尊重すること。

[自然愛護]

自然の崇高さを知り，自然環境を大切にすることの意義を理解し，進んで自然の愛護に努めること。

[感動，畏敬の念]

美しいものや気高いものに感動する心をもち，人間の力を超えたものに対する畏敬の念を深めること。

[よりよく生きる喜び]

人間には自らの弱さや醜さを克服する強さや気高く生きようとする心があることを理解し，人間として生きることに喜びを見いだすこと。

## 第３　指導計画の作成と内容の取扱い

１　各学校においては，道徳教育の全体計画に基づき，各教科，総合的な学習の時間及び特別活動との関連を考慮しながら，道徳科の年間指導計画を作成するものとする。なお，作成に当たっては，第２に示す内容項目について，各学年において全て取り上げることとする。その際，生徒や学校の実態に応じ，３学年間を見通した重点的な指導や内容項目間の関連を密にした指導，一つの内容項目を複数の時間で扱う指導を取り入れるなどの工夫を行うものとする。

２　第２の内容の指導に当たっては，次の事項に配慮するものとする。

⑴　学級担任の教師が行うことを原則とするが，校長や教頭などの参加，他の教師との協力的な指導などについて工夫し，道徳教育推進教師を中心とした指導体制を充実すること。

⑵　道徳科が学校の教育活動全体を通じて行う道徳教育の要としての役割を果たすことができるよう，計画的・発展的な指導を行うこと。特に，各教科，総合的な学習の時間及び特別活動における道徳教育としては取り扱う機会が十分でない内容項目に関わる指導を補うことや，生徒や学校の実態等を踏まえて指導をより一層深めること，内容項目の相互の関連を捉え直したり発展させたりすることに留意すること。

⑶　生徒が自ら道徳性を養う中で，自らを振り返って成長を実感したり，これからの課題や目標を見付けたりすることができるよう工夫すること。その際，道徳性を養うことの意義について，生徒自らが考え，理解し，主体的に学習に取り組むことができるようにすること。また，発達の段階を考慮し，人間としての弱さを認めながら，それを乗り越えてよりよく生きようとすることのよさについて，教師が生徒と共に考える姿勢を大切にすること。

⑷　生徒が多様な感じ方や考え方に接する中で，考えを深め，判断し，表現する力などを育むことができるよう，自分の考えを基に討論したり書いたりするなどの言語活動を充実すること。その際，様々な価値観について多面的・多角的な視点から振り返って考える機会を設けるとともに，生徒が多様な見方や考え方に接しながら，更に新しい見方や考え方を生み出していくことができるよう留意すること。

⑸　生徒の発達の段階や特性等を考慮し，指導のねらいに即して，問題解決的な学習，道徳的行為に関する体験的な学習等を適切に取り入れるなど，指導方法を工夫すること。その際，それら

の活動を通じて学んだ内容の意義などについて考えることができるようにすること。また，特別活動等における多様な実践活動や体験活動も道徳科の授業に生かすようにすること。

(6)　生徒の発達の段階や特性等を考慮し，第２に示す内容との関連を踏まえつつ，情報モラルに関する指導を充実すること。また，例えば，科学技術の発展と生命倫理との関係や社会の持続可能な発展などの現代的な課題の取扱いにも留意し，身近な社会的課題を自分との関係において考え，その解決に向けて取り組もうとする意欲や態度を育てるよう努めること。なお，多様な見方や考え方のできる事柄について，特定の見方や考え方に偏った指導を行うことのないようにすること。

(7)　道徳科の授業を公開したり，授業の実施や地域教材の開発や活用などに家庭や地域の人々，各分野の専門家等の積極的な参加や協力を得たりするなど，家庭や地域社会との共通理解を深め，相互の連携を図ること。

3　教材については，次の事項に留意するものとする。

(1)　生徒の発達の段階や特性，地域の実情等を考慮し，多様な教材の活用に努めること。特に，生命の尊厳，社会参画，自然，伝統と文化，先人の伝記，スポーツ，情報化への対応等の現代的な課題などを題材とし，生徒が問題意識をもって多面的・多角的に考えたり，感動を覚えたりするような充実した教材の開発や活用を行うこと。

(2)　教材については，教育基本法や学校教育法その他の法令に従い，次の観点に照らし適切と判断されるものであること。

ア　生徒の発達の段階に即し，ねらいを達成するのにふさわしいものであること。

イ　人間尊重の精神にかなうものであって，悩みや葛藤等の心の揺れ，人間関係の理解等の課題も含め，生徒が深く考えることができ，人間としてよりよく生きる喜びや勇気を与えられるものであること。

ウ　多様な見方や考え方のできる事柄を取り扱う場合には，特定の見方や考え方に偏った取扱いがなされていないものであること。

4　生徒の学習状況や道徳性に係る成長の様子を継続的に把握し，指導に生かすよう努める必要がある。ただし，数値などによる評価は行わないものとする。

# 編者・執筆者一覧


## ●編　者

押谷　由夫（武庫川女子大学教授）

## ●編集協力者

| | |
|---|---|
| 七條　正典（香川大学教授） | 4章関係 |

## ●執筆者

| | |
|---|---|
| 押谷　由夫（上掲） | 1章1節，2章，3章，5章 |
| 貝塚　茂樹（武蔵野大学教授） | 1章2節 |
| 西野真由美（国立教育政策研究所総括研究官） | 1章3節 |
| 島　　恒生（畿央大学教授） | 4章1節 |
| 柳沼　良太（岐阜大学大学院教育学研究科准教授） | 4章2節 |
| 森　美佐子（埼玉県川口市立南中学校教諭） | 4章3節1・3 |
| 矢作　信行（桐蔭横浜大学非常勤講師） | 4章3節2 |
| 岡　　昌代（香川県高松市立協和中学校指導教諭） | 4章4節1 |
| 齋藤　和子（香川県高松市立龍雲中学校教諭） | 4章4節2 |
| 藤澤　一恵（香川県教育センター主任指導主事） | 4章4節3 |
| 井上　礼子（千葉県市川市立下貝塚中学校教諭） | 4章5節 |
| 三浦　祐司（埼玉県東松山市立白山中学校教諭） | 4章6節 |
| 藤田　明子（長崎県西海市立西彼中学校教諭） | 4章7節 |
| 坂井　親治（愛媛県西条市立小松幼稚園園長） | 4章8節 |
| 村野　由佳（埼玉県入間市立豊岡小学校教諭） | 4章9節 |
| 柴原　弘志（京都産業大学教授） | 4章10節 |

［掲載順／職名は執筆時現在］

●編著者プロフィール

**押谷由夫**（おしたに・よしお）
**武庫川女子大学教授**

広島大学大学院修了，博士（教育学）。高知女子大学助教授等を経て，文部省・文部科学省初等中等教育局教科調査官（道徳担当）として勤務。その後，昭和女子大学大学院教授を経て現職。放送大学客員教授，「小さな親切運動」本部・顧問，日本道徳教育学会会長。今日の道徳教育改革に関しては，文部科学省の「道徳教育の充実に関する懇談会」副座長，中央教育審議会道徳教育専門部会主査を務める。

平成29年改訂
**中学校教育課程実践講座**
**特別の教科　道徳**

2018年３月31日　第１刷発行
2019年２月20日　第３刷発行

編　著　**押谷由夫**

発　行　株式会社ぎょうせい

〒136-8575　東京都江東区新木場1-18-11
電　話　編集　03-6892-6508
営業　03-6892-6666
フリーコール　0120-953-431
URL：https://gyosei.jp

〈検印省略〉

印刷　ぎょうせいデジタル株式会社
乱丁・落丁本は，送料小社負担にてお取り替えいたします。

ISBN978-4-324-10327-2（3100535-01-011）［略号：29中課程（道）］